AF433659

9 7 9 8 8 6 9 2 0 0 1 4 3

ספר

עֵץ חַיִּים

לרבינו

חַיִּים וִיטַאל זצ"ל

שֶׁקִּיבֵּל מִמָרָן הָאֲרִ"י זלה"ה

שַׁעַר מְטֵי וְלֹא מְטֵי

שַׁעַר ז' פרק ה'

דל"ג ע"ג – דל"ד ע"ד

תשי"פ

SimchatChaim.com

בהוצאת

שִׂמְחַת חַיִּים

בס"ד

הקדמה

ירפא **ה**מאציל **ו**יושיע **ה**בורא את כל חולי בני ישראל, וישלח להם רפואה שלימה, רפואת הנפש ורפואת הגוף, בכל אבריהם ובכל גידיהם לעבודתו יתברך.

בי"ב במנחם אב תשס"ה, הובהלתי לבית החולים, הרופאים לא נתנו לי סיכוי יותר לחיות מכמה שעות בגלל מספר תסבוכות. עם כל זאת בזכות התפילות של בני ישראל הקדושים, ברחמיו הרבים, ריחם עלי הקדוש ברוך הוא, ונשארתי בחיים.

עם כל זאת, הובחנה אצלי מחלה קשה בכליות, ונאמר לי שהצטרך למכונת דיאליזה. בשבילי זה היה שוק!!! אף פעם לא הייתי אצל רופא, או בבית חולים. כך בעל כרחי התחברתי למכונת דיאליזה, ומכונה זאת הייתה[1] קשורה בי ככלב במשך שמונים חודשים בדיוק, כמניין **יסוד**, במשך 10-12 שעות ביום.

בשבת פרשת **ויחי יעקב** י"ב טבת תשע"ב, בזכות בני ישראל, שכולם אהובים כולם ברורים כולם גיבורים כולם קדושים... וכולם פותחים את פיהם באהבה שלוש פעמים ביום, ואומרים - **ברוך אתה... רופא חולי עמו ישראל**, וכללותם כל האברכים, תלמידי הישיבות, רבנים וחכמים, חסידים, מקובלים עם תינוקות של בית רבן, זקנים עם נערים, בחורים וגם בתולות, בארץ הקודש ובעולם. ומצד שני בנות ישראל היקרות מפז, שהתפללו וקבלו עליהם כל מיני קבלות, מהפרשת חלה עד צניעות וכיסוי הראש, עם הרבנים, המנהלים, המורים, המורות **והתלמידות של בית יעקב דטורונטו** שכל יום התפללו, וכללו בתפילתם שבקעה את כל הרקיעים אותי, ונושעתי אני הקטן. הושתלה בי כליה. והתנתקתי ממכונת הדיאליזה.

אמר המלך דוד - לולי[2] תורתך שעשעי אז אבדתי בעניי. מה שנתן לי חיות היא התורה הקדושה, בשעות הרבות שהיתי מחובר למכונת הדיאליזה)כ12 שעות ביום(, ערכתי סדרתי וכתבתי במחשב את הקונטרסים שלמדתי במשך שנים. וקונטרסים אלו הפכו לחיבור, ואחרי התלבטויות ובקשות מבני גילי, החלטתי בעזרתו יתברך להדפיס קונטרסים אלו.

ידוע הוא כי כל דברי האר"י זלל"ה ותלמידו נאמן ביתו, רבינו חיים ויטאל הם סתומים וחתומים באלפי שרשראות ומנעולים, והרב ז"ל גלה טפח וכיסה אלפים אמה, וכלל דבריהם הוא משלים, עם כל זאת העוסק במשל פועל בעלמות העליונים בנמשל. לכן צריך זהירות גדולה לא להגשים את המשלים, בסוד המבואר בספר הזוהר הקדוש **ועלייהו אתמר** ועליהם נאמר - **ארור האיש אשר יעשה פסל ומסכה וגומר, ושם בסתר, מאי בסתר** מהו בסתר - **בסתרו דעלמא** בסתר העולם. ובגין דא אמר קודשא בריך הוא לא תעשון אתי ומפני זה אמר הקדוש ברוך הוא לא תעשון אתי אלה"י כסף ואלה"י זהב, והכי אוקמוה חבריא לא תעשון אתי כדמות שמשי שמשמשין אותי וכך העמידוהו החברים לא תעשון אתי כדמות שמשי שמשמשים אותי במרום, לצייירא בסתר דילי שום ציור או דמיון לצייר בסתר שלי שום ציור או דמיון, דכל מאן דצייר לעיל לקודשא בריך הוא שכל מי שמצייר למעלה לקדוש ברוך הוא, בסתר)דאיהי שכינתיה, כלילא מעשר

---

[1]

גמרא סוטה ד"ג ע"ב - גמרא סוטה ד"ג ע"ב – רבי אלעזר אומר, **קשורה בו ככלב**, שנאמר - ולא שמע אליה לשכב אצלה להיות. עמה לשכב אצלה בעולם הזה. להיות עמה לעולם הבא.

[2]

תהלים קי"ט צ"ב

ספיראן שהיא שכינתו, כלולה מעשר ספירות(, **שום ציור, וצלם, ודמות, כגוונא דמצייירין בשמשין דיליה** שמצייירים בשמשים שלו, **נשמתיה אתלבשא בההוא צלמא** נשמתו מתלבשת באותו צלם....

וכן הוא בסוף ענף ד' דשער א' בספר עץ חיים שער ההקדמות, וז"ל הטהור - ואמנם דבר גלוי הוא כי אין למעלה גוף ולא כח גוף חלילה. וכל הדמיונות והציורים אלו לא מפני שהם כך חס ושלום. אמנם **לשכך את האוזן** לכשיוכל האדם להבין הדברים העליונים, הרוחניים, בלתי נתפסים, ונרשמים בשכל האנושי. לכן ניתן רשות לדבר בבחינת ציורים ודמיונים, כאשר הוא פשוט בכל ספרי הזוהר. וגם בפסוקי התורה עצמה כולם כאחד עונים ואומרים בדבר הזה, כמו שאמר הכתוב עיני הוי"ה המה משוטטים בכל הארץ. עיני הוי"ה אל צדיקים. וישמע הוי"ה. וירח הוי"ה. וידבר הוי"ה. וכאלה רבות. וגדולה מכולם מה שאמר הכתוב - ויברא אלהי"ם את האדם בצלמו בצלם אלהי"ם ברא אותו זכר ונקבה וגו'. **ואם התורה עצמה דברה כך** גם אנחנו נוכל לדבר כלשון הזה, עם היות שפשוטו הוא למעלה שם שאין אלא אורות דקים בתכלית הרוחניות, בלתי נתפשים שם כלל, וכמו שאמר הכתוב - כי לא ראיתם כל תמונה, וכאלה רבות. ואמנם יש עוד דרך אחרת כדי להמשיך ולצייר בה הדברים העליונים, והם בחינת כתיבת צורת אותיות, כי כל אות ואות מורה על אור פרטי עליון, וגם תמונת זו דבר פשוט הוא כי אין למעלה לא אות ולא נקודה, **וגם זה דרך משל וציור לשכך את האוזן** כנזכר.....

ולכן כל המבואר כאן בחיבור זה הוא כדי **לשכך את האוזן.** והתרשימים שבסוף החיבור הם כדי **לשבר את העין,** לכן אין שום ביאור והסבר שלם, ואין שום תרשים שלם בתכלית השלמות.

ידוע כי[3] דברי תורה עניים במקומן ועשירים במקום אחר, **ועל אחת כמה וכמה** בדברי הרב ז"ל, שכל סוגיה חסרה[4] במקומה, וחלקיה מפוזרים במקומות אחרים. **זאת ועוד** הרב ז"ל מערבב בדרוש אחד כמה וכמה סוגיות, כאשר בפשטות דבריו נראה שכל הדרוש הוא דרוש אחד, ולא מחולק לסוגיות שונות, ושמועות שונות. **ביאור** דברי הרב ז"ל כאן הם **בעומק, והוא בעצם ליקוט** עד איפה שידי הקצרה הגיעה, מכל חלקי ספר עץ חיים, ושמונה השערים המצויינים לרב ז"ל, מבוא שערים ושאר ספרי הרב ז"ל, והוא גם על פי הקדמת רחובות הנהר למרן הרש"ש, דרושי פנימיות וחיצוניות, דרוש הדעת, סוגיות ערכין, סוגיות דכללות והתכללות, פרטות וכללות, וסוגיות עובי ואורך, ועל פי ביאור גדולי רבותינו חכמי המקובלים לדורותם זלה"ה זי"ע.

ידוע כי[5] אין בר בלי תבן, כך אין ספר בלי טעויות, ועוד יודע אני כי דל ועני אני, **ואין[6] עני אלא בדעה.** לכן מבקש אני בכל לשון של בקשה אם יש לכל אחד שאלות, הערות, הארות, תיקונים, נא לשלוח ל - book@simchatchaim.com והשתדל לענות, ולתקן את הצריך תיקון.

בברכה והצלחה בלימוד התורה הקדושה

ובעיקר בפנימיות התורה, תורת האר"י הח"י.

ורפואה שלימה לכל חולי ישראל.

אח"י

---

[3] **גמרא ירושלמי, ראש השנה פ"ג הלכה ה' די"ז ע"א** – דברי תורה עניים במקומם, ועשירים במקום אחר.

[4] **תורת חכם דע"ב ע"ב** – חסר לשון הוא, כמו שיראה המעיין.

[5] **גמרא ברכות נ"ה א'** - מה לתבן את הבר נאם ה', וכי מה ענין בר ותבן אצל חלום, אלא אמר ר' יוחנן משום ר' שמעון בן יוחai, כשם שאי אפשר לבר בלא תבן, כך אי אפשר לחלום בלא דברים בטלים.

[6] **גמרא נדרים מ"א ע"א** – אין עני אלא בדעה.

ב"ה

הקדמה קצרה לחיוב לימוד תורת הקבלה

ישמחו ה**שמים** ו**תגל הארץ** ירעם הים ומלאו. שזכינו בדור שלנו שפנימיות התורה, שהיא היא תורת הקבלה, מתפשטת לכל, וכל מקום בעולם היום לומדים בתורת הח"ן. הדור שלנו יש הרבה התעוררות ללמוד סתרי התורה הקדושה, הנקראת חכמת הקבלה. בירושלים של המאה ה18 בישיבת **בית אל** היו בקושי מנין של מקובלים, והיום תורת הקבלה מופצת בכל מקום בארץ ובעולם. לעניות דעתי אחת הסיבות העיקריות לשינוי זה הוא רצונם של בני התורה, החוזרים בתשובה ועמך לדעת את סוד החיים, למה ברא הקדוש ברוך הוא את העולם, ואת טעמי המצות, ר"ל אי אפשר היום בדור שלנו, להסביר על פי הפשט את הסיבה מדוע אסור לאכול בשר וחלב, מדוע צריך להניח תפילין, למה לשמור דווקא שבת ולא יום שלישי, אי אפשר להגיד כל הזמן **זאת גזרת הכתוב, כך רוצה הקדוש ברוך הוא**, האנשים מחפשים הסברים למצות, לסיפורי התנ"ך, לגלגולי נשמות, ועוד. ורק על ידי עסק בפנימיות התורה, אדם מסיג את ההסברים לקושיות שיש לו. **זאת ועוד** חיים אנחנו בדור של חומריות, והאנשים מחפשים את הרוחניות שבחיים, אז מה עושים, נוסעים למזרח, להודו, סין, תאילנד למצוא רוחניות, ולא יודעים **ששורש כל הרוחניות בעולם נמצאת בתורה הקדושה**, עם כל זאת כאשר הלומד את פשט התורה, **הוא לא מכיר** את הקדוש ברוך הוא, והוא בלי יראת שמים ושמחה אמתית. כותב הרב המקובל האלוה"י רבינו יהודה פתייה בפרושו הנפלא על עץ חיים - כי לימוד עץ חיים הוא עמוק מאד מאד, כי הוא **מים שאין להם סוף**, והוא קשה מאד גם לחכמים ההוגים בו תמיד, וכל שכן למתחילים. כי הוא חזק מצור, וקשה מברזל, שאי אפשר לחצוב ממנו מאומה, אם לא על ידי כלי מחצב חזקים כציפורן שמיר. וכל המתחיל בלימוד עץ חיים, אם לא יהיה לו רב, או לפחות איזה מפרש המפרש לו כוונת הפרק ההוא לפי פשטו, נבול יבול, ואינו יכול לעמוד על הפרק כי אם לאחר יגיעה רבה, ושקידה עצומה, וכולי האי ואולי. כי הרבה פעמים יסבור המעיין שהבין העניין ההוא כראוי, ואחר שילמוד עוד איזה פרקים אחרים, ירגיש כעצמו שלא הבין את פרקים הקודמים, והניסיון יעיד על זה, עד כאן דברי קודשו. עם כל זאת חייב כל אדם לעסוק בתורת ה**חיים**.

צדיק אתה הוי"ה וישר משפטיך. כתב הרב רבינו חיים ויטאל ז"ל בהקדמה לשער ההקדמות - והנה מה שכתב בתחילת דבריו, ואפילו כל אינון דמשתדלי באורייתא כל חסד דעבדי לגרמייהו וכו', עם היות שפשטו מבואר ובפרט בזמנינו זה, בעוונותינו היום אשר התורה נעשית קרדום לחתוך בה אצל קצת בעלי תורה, אשר עסקם בתורה על מנת לקבל פרס, והספקות יתירות, וגם להיותם מכלל ראשי ישיבות, ודיני סנהדראות, להיות שמם וריחם נודף בכל הארץ, **ודומים במעשיהם לאנשי דור הפלגה הבונים מגדל וראשו בשמים**, ועיקר סיבת מעשיהם היא מה שאמר אחר כך הכתוב - **ונעשה לנו שם**... והנה על הכת הזאת אמרו בגמרא כל העוסק בתורה שלא לשמה, נוח לו שנהפכה שלייתו על פניו, ולא יצא לאויר העולם. ואמנם האנשים האלה מראים תימה וענוה באמרם כי כל עסקם בתורה הוא לשמה. והנה החכם הגדול התנא רבי מאיר ע"ה העיד עליהם שלא כך הוא, באומרו לשון כללות - כל העוסק בתורה לשמה זוכה לדברים הרבה וכו', **ומגלים לו רזי תורה, ונעשה כנהר שאינו פוסק**, והולך

וכמעיין המתגבר מאליו, בלתי הצטרכו לטרוח ולעיין בה, ולהוציא טיפין טיפין של מימי התורה מן הסלע, הנה זה יורה שאינו עוסק בתורה לשמה כהלכתה, ומי זה האיש אשר לא יזלו עיניו דמעות בראותו המשנה הזאת, **ורואה חסרונו ופחיתותו**, עד כאן לשונו. לכן כל אחד צריך לטעום מעץ החיים.

חצות לילה אקום להודות לך על משפטי צדקך. כתב רבינו אליהו מני זצ"ל רבו של הרי"ח הטוב, בספרו הקדוש כסא אליהו שער ד' וז"ל - ואם זיכך הוי"ה ללמוד בחכמת האמת, הנה עצה היעוצה היא שכל סדר הלימוד בנגלה תתנהג בו ביום דווקא. **אבל בלילה תלמוד בחכמת האמת, והעיקר הלימוד אחר חצות**, כי זה הלימוד צריך ישוב דעת הרבה, וכשיקוץ האדם אז דעתו מיושבת עליו יותר. גם גה הלימוד צריך הסתר והצנע, **וכל דבר שיהיה בלילה ובפרט אחר חצות יהיה נסתר יותר מן היום**. ותעשה ועד עם החברים בבית המדרש אם הוא צנוע, **או בביתך ותלמדו בכל לילה**, עד כאן לשונו. וישב האדם ללמוד בלילה תחת עץ החיים.

קראתי בכל לב ענני הוי"ה חקיך אצרה. בהקדמה[7] לשער ההקדמות מבאר הרב ז"ל - ואמנם אל יאמר אדם אלכה לי ואעסוק בחכמת הקבלה, מקודם שיעסוק בתורה במשנה ובתלמוד, כי כבר אמרו רבינו ז"ל - אל יכנס אדם לפרדס **אלא אם כן מלא כריסו בבשר ויין**, והרי זה דומה לנשמה בלתי גוף, שאין לה שכר ומעשה וחשבון, עד היותה מתקשרת בתוך הגוף, בהיותו שלם מתוקן במצות התורה בתרי"ג מצות. **וכן בהפך** בהיותו עוסק בחכמת המשנה והתלמוד בבלי, ולא ייתן חלק גם אל סודות התורה וסתריה, כי **הרי זה דומה לגוף היושב בחושך**, בלתי נשמת אדם נר הוי"ה המאירה בתוכה, **באופן שהגוף יבש בלתי שואף ממקור חיים**, אשר זהו ענין אומרו במקום אחר ההוא הנזכר לעיל וז"ל - דאילין אינון דעבדי לאורייתא יבשה, ולא בעאן לאשתדלא בחכמת הקבלה וכו'. באופן כי התלמידי חכמים העוסקים בתורה לשמה, ולא לשמו, לעשות לו שם. צריך שיעסוק בתחילה בחכמת המקרא, והמשנה, והתלמוד, כפי מה שיוכל שכלו לסבול. ואחר כך יעסוק לדעת את קונו בחכמת האמת, וכמו שציווה דוד המלך ע"ה את שלמה בנו - דע את אלה"י אביך ועבדהו. ואם האיש הזה יהיה כבד וקשה בענין העיון בתלמוד, מוטב לו שיניח את ידו ממנו, אחר שבחן מזלו בחכמה זאת, ויעסוק בחכמת האמת. וזה שמבואר כל תלמיד חכם שאינו רואה סימן יפה בתלמודו בחמשה שנים, שוב אינו רואה, עד כאן דברי קודשו. ומזה כל אחד ואחד חייב להדבק במקור החיים.

חסדך הוי"ה מלאה הארץ חקיך למדני. בשער הגלגולים, בקדמה ט"ז כתב הרב ז"ל - עוד צריך שתדע, כי האדם צריך לקיים כל התרי"ג מצות, במעשה, ובדבור, ובמחשבה. וכמו שאמרו ז"ל על פסוק - זאת התורה לעולה ולמנחה וכו', כל העוסק בפרשת עולה, כאלו הקריב עולה וכו'. וכוונו בזה שהאדם מחוייב לקיים כל התרי"ג מצות בדבור, וכן על דרך זה במחשבה. ואם לא קיים כל התרי"ג בשלשה בחינות הנזכרות, מחוייב להתגלגל עד שישלים אותם. **עוד דע**, כי האדם מחויב לעסוק בתורה בארבעה מדרגות, **שסימנם פרד"ס**, והם, פשט, רמז, דרוש, סוד וצריך שיתגלגל עד שישלים אותם. ובהקדמה י"ז כותב הרב ז"ל, וז"ל - שהאדם **מחוייב לעסוק בתורה בארבעה מדרגות שבה**, והיא זאת, דע, כי כללות כל הנשמות

ע"ח ד"א ע"ד.

הם ששים רבוא ולא יותר. והנה התורה היא שרש נשמות ישראל, כי ממנה חוצבו, ובה נשרשו. ולכן יש בתורה ששים רבוא פירושים, וכלם כפי הפשט. וששים רבוא ברמז. וששים רבוא בדרש. **וששים רבוא בסוד.** ונמצא, כי מכל פירוש מן הששים רבוא פרושים, ממנו נתהווה נשמה אחת של ישראל, ולעתיד לבא כל אחד ואחד מישראל, ישיג לדעת כל התורה כפי אותו הפירוש המכוון עם שרש נשמתו, אשר על ידי הפירוש ההוא נברא ונתהווה כנזכר. וכן בגן עדן אחר פטירת האדם, ישיג כל זה. וכן בכל לילה כאשר האדם ישן, ומפקיד נשמתו ויוצאה ועולה למעלה, הנה מי שזוכה לעלות למעלה, מלמדים לו שם אותו הפירוש, שבו תלוי שרש נשמתו. ואמנם הכל כפי מעשיו ביום ההוא, כך באותה הלילה ילמדוהו, פסוק אחד, או פרשה פלונית, כי אז מאיר בו יותר פסוק ההוא משאר הימים. ובלילה האחרת יאיר בו בנשמתו פסוק אחר, כפי מעשיו של אותו היום, וכולם על דרך הפירוש ההוא אשר תלויה בו שרש נשמתו כנזכר, עד כאן דברי קודשו. ור"ל שכל יהודי ויהודי חייב להשיג את שורש נשמתו, וללמוד את סוד החיים.

יבאוני רחמיך ואחיה כי תורתך שעשעי. מבואר במדרש משלי - אמר רבי ישמעאל, בא וראה כמה קשה יום הדין שעתיד הקדוש ברוך הוא לדון את כל העולם כולו בעמק יהושפט. בזמן שתלמידי חכמים באים לפניו, אומר לכל אחד מהם - כלום עסקת בתורה, אמר לו הן, אומר לו הקדוש ברוך הוא הואיל והודית, אמור לפני מה שקרית, ומה ששנית בישיבה, ומה ששמעת בישיבה. מכאן אמרו - כל מה שקרא אדם יהא תפוש בידו, ומה ששנה כמו כן, שלא תשיגהו בושה ליום הדין. מכאן היה רבי ישמעאל אומר - אוי הלה לאותה בושה, אוי לה לאותה כלימה, ועל זה ביקש דוד מלך ישראל בתפילה ובתחנונים לפני המקום ואמר - הוי"ה בוקר תשמע קולי בוקר אערך לך ואצפה. בא לפניו מי שיש בידו מקרא ואין בידו משנה, הקדוש ברוך הוא הופך את פניו ממנו, ושרי גיהנם מתגברים בו כזאבי ערב, ונוטלין אותו ומשליכין אותו לתוכה. בא לפניו מי שיש בידו שני סדרים או שלושה, אז הקדוש ברוך הוא אומר לו - בני, כל ההלכות למה לא שנית אותם, ואם אומר הקדוש ברוך הוא הניחוהו, מוטב, ואם לאו עושין לו כמידת הראשון. בא לפניו מי שיש בידו הלכות, הקדוש ברוך הוא אומר לו - בני, תורת כהנים למה לא שנית, שיש בה טומאה וטהרה, וטומאת שרצים וטהרת שרצים, טומאת נגעים וטהרת נגעים, טומאת נתקים ובתים וטהרת נתקים ובתים, טומאת זבים ולידה וטהרת זבים ולידה, טומאת מצורע וטהרתו, סדר ווידוי יום הכיפורים, וגזירות שוות, ודיני ערכים, וכל דין שדנו ישראל לא דנו אלא מתוכו. בא לפניו מי שיש בידו תורת כהנים, אומר לו הקדוש ברוך הוא - בני, חמישה חומשי תורה למה לא שנית, שיש בהם קריאת שמע, ותפילין, ומזוזה. בא לפניו מי שיש בידו חמישה חומשי תורה, אומר לו - בני, למה לא למדת הגדה, ולא שנית, שבשעה שחכם יושב ודורש, אני מוחל ומכפר עוונותיהם של ישראל, ולא עוד אלא בשעה שעונין אמן יהא שמיה רבה מברך, אפילו נחתם גזר דינם אני מוחל ומכפר להם עוונותיהם. בא לפניו מי שיש בידו הגדה, אומר לו הקדוש ברוך הוא - בני, תלמוד למה לא שנית, שנאמר - כל הנחלים הולכים אל הים והים איננו מלא, זה התלמוד, שיש בו חכמות הרבה. בא מי שיש בידו תלמוד, הקדוש ברוך הוא אומר לו - בני, הואיל ונתעסקת בתלמוד, **צפית במרכבה, צפית בגאוה,** שאין הנייה בעולמי, אלא בשעה שתלמידי חכמים יושבים ועוסקים בתורה, מציצין ומביטין ורואין והוגין המון התלמוד הזה - **כסא כבודי היאך הוא עומד. רגל הראשונה במה היא משמשת, שנייה במה היא משמשת, שלישית במה היא משמשת, רביעית במה היא משמשת, חשמל היאך הוא עומד, ובכמה פנים הוא מתהפך בשעה**

אחת, לאי זה רוח הוא משמש, הברק היאך הוא עומד, כמה פנים של זוהר נראין בין כתפיו, לאיזה רוח משמש, כרוב היאך הוא עומד, לאי זה רוח הוא משמש. גדולה מכולם עיון כיסא הכבוד, היאך הוא עומד, עגול הוא כמין מלבן, ומתוקן הוא, כמה גשרים יש בו, כמה הפסק בין גשר לגשר, וכשאני עובר באיזה גשר אני עובר, ובאי זה גשר האופנים עוברים, ובאיזה גשר הגלגלים עוברים. גדולה מכולם מצפורני ועד קודקודי, היאך אני עומד, כמה שיעור בפיסת ידי, וכמה שיעור אצבעות רגלי. גדולה מכולם כיסא כבודי, היאך הוא עומד, לאיזה רוח הוא משמש, באחד בשבת לאיזה רוח הוא משמש, בשני בשבת לאיזה רוח הוא משמש, בשלישי בשבת לאיזה רוח הוא משמש, ברביעי בשבת, בחמישי בשבת, בששי בשבת לאיזה רוח משמשין, וכי **לא זהו הדרי, זהו גדולתי, זהו הדר יופי, שבניי מכירין את כבודי במידה הזאת.** ועליו אמר דוד - מה רבו מעשיך הוי"ה, כולם בחכמה עשית, מלאה הארץ קנייניך. עד כאן לשון המדרש. ממדרש זה לומדים על חובת כל אחד ואחד מישראל את לימוד כל חלקי הפרד"ס, ובעיקר את בחינת הסוד שבתורה, הנקרא[8] מעשה מרכבה, ובמעשה בראשית. ומבאר הרב בית לחם יהודה על השינוי שיש בפסוקים במעמד הר סיני, בפסוק אחד כתוב - ויחן שם **ישראל** תחת ההר. ומספר פסוקים יותר מאוחר כתוב וירא **העם** וינועו מרחק. וידוע כי כאשר כתוב בתורה **ישראל**, מדובר **בבני ישראל**, וכאשר כתוב **העם**, מדובר על **הערב רב**. וז"ל הרב בית לחם יהודה - ובזוהר בהעלותך דף קנ"ב ע"א קרי להעוסקים בחכמת האמת, אינון דהוי קיימי בטורא דסיני. וז"ל - חכמין עבדי דמלכא עלאה אינון דקיימו בטורא דסיני, לא מסתכלי אלא בנשמתא, דאיהי עיקרא דכלא אורייתא ממש וכו'. ונראה בעיני אם מותר, משמע אותן שאינן יודעים סודות התורה לא עמדו על הר סיני, עד כאן לשונו. ונראה לי בביאור כוונתו כי בתחלה כשיצאו ישראל לקראת האלהי"ם, היו מתייצבים בתחתית ההר, ואחר כך נאמר וירא העם וינועו ויעמדו מרחוק, כי היו יראים פן תאכלם האש הגדולה הזאת וימיתו. והיה מקצת מהעם שהיו ששים ושמחים לקראת השכינה, ולא רצו לזוז ממקומם הראשון, ולעמוד מרחוק, אפילו אם ימיתו ממש. ועליהם הוא מה שכתב בזוהר הנזכר - אינון דקיימו בטורא דסיני, כלומר ולא נעו ועמדו מרחוק, אלא עמדו בטורא דסיני מתחלה ועד סוף, ולכן הם זוכים לחכמת האמת. ואותם הנשמות אשר נעו עם העם ועמדו מרחוק, כן הם עושים גם עתה, שנסים ועומדים מרחוק לחכמת האמת מיראתם, פן תאכלם האש הגדולה הזאת. ולכן על כל אחד ואחד מבני ישראל הקדושים מחויב לעמוד תחת עץ החיים.

יראיך יראוני וישמחו כי לדברך יחלתי. בספר הזוהר הקדוש מבואר מדוע התפילות של בני ישראל לא נענות, וז"ל תיקוני הזוהר תיקון מ"ג - **בראשית תמן את"ר יב"ש** במלת בראשית יש אותיות את"ר יב"ש, **ודא איהו ונהר יחרב ויבש** היסוד הנקרא נהר יחרב ויבש ממי השפע, ואין לו מה להשפיע למלכות, **בההוא זמנא דאיהו יבש** באותו הזמן שהיסוד הוא יבש, **ואיהי יבשה** המלכות הנקראת יבשה, היא יבשה כי לא מקבלת שפע מהיסוד, אז כאשר **צווחין בניך לתתא** מתפללים וצועקים בני ישראל, **ביחודא ואמרין** וביחוד שאומרים בני ישראל **שמע ישראל** שיבא ז"א הנקרא ישראל להתיחד עם נוקבא בשעת התפילה דעמידה, עם כל זאת **ואין קול** של התפילה או הקריאת שמע שעוזרים לזיווג דזו"ן **ואין עונה** ואין מי שיענה וימלא את הבקשות בתפילתם. **הדא הוא דכתיב** וזהו שכתוב - **אז** בני ישראל יקראונני

בני ישראל בעת צרתם בקריאת שמע ובתפילה, **ולא אענה** ואני לא אענה אותם בתפלתם, מפני שלא לומדים ומתעסקים בפנימיות התורה. **והכי מאן דגרים דאסתלק** וכל מי שגורם הסלקות פנימיות תורת הקבלה **וחכמתא מאורייתא דבעל פה ומאורייתא דבכתב** מהתורה שבעל פה והתורה שבכתב, **וגרים דלא ישתדלון בהון** וגורמים גם לאחרים שלא יתעסקו וילמדו את חכמת הקבלה, **ואמרין דלא אית אלא פשט באורייתא ובתלמודא** ואומרים שאין בתורה ובתלמוד אלא פשט התורה, בלי פנימיות הסוד, **בודאי כאלו הוא יסלק נביעו מההוא נהר** בודאי נחשב לו כאילו הוא מסתלק את נביעת שפע החכמה והבינה מן היסוד, **ומההוא גן** ומן הנוקבא הנקראת גן, **ווי ליה** לאותו יהודי **טב ליה דלא אתברי בעלמא** טוב לו שלא היה נברא, **ולא יוליף ההיא אורייתא דבכתב ואורייתא דבעל פה** ולא היה לומד תורה שבכתב ותורה שבעל פה, כי דינו כעם הארץ שלא למד כלל, ועוד **דאתחשב ליה כאילו אחזר עלמא לתהו ובהו** שנחשב לו כאילו החזיר את העולם לתהו ובהו, ר"ל לסוד שבירת הכלים לפי שמגביר הקליפות כאשר הנהר והגן יבשים, **וגרים עניותא בעלמא ואורך גלותא** וגורם עניות בעולם ומאריך את הגלות השכינה וביאת המשיח. עד כאן דברי הזוהר הקדוש. וכותב רב חיים ויטאל זלה"ה בהקדמה וז"ל - אמנם שעשועות של הקדוש ברוך הוא בתורה, והיותו בורא בה את העולמו, היתה בהיותו עוסק בתורה בבחינת הנשמה הפנימית שבה, הנקרא - רזי תורה, הנקרא מעשה מרכבה, **היא חכמת הקבלה** כנודע אל היודעים, וטעם הדבר הוא להיותו עולם האצילות העליון מאד, טוב ולא רע, דלא יכיל להתערבא עמיה קליפה, ועליה אתמר - וכבודי לאחר לא אתן, כנזכר בספר התיקונין דף ס"ו תיקון י"ח, וכן בספר הזוהר בפרשת בראשית דף כ"ח ע"א עיין שם. ולכן גם התורה אשר שם]**אח"י** - בעולם האצילות[איננה רק מופשטת מכל לבושי הגופנים, מה שאין כן למטה בעולם היצירה, עולם דמטטרו"ן, הנקרא עבד טוב, והוא הנקרא עץ הדעת טוב מסטרא, ומסטרא דסמא"ל שהוא קליפין דיליה, **נקרא עבד רע**, כי התורה אשר שם, הם שית סדרי משנה **הנקראים שפחה** כנזכר לעיל, וכנזכר בפרשת בראשית שם דף כ"ז ע"א. ולכן נקראת משנה, לפי ששם יש שינויים הפוכים **טוב מסטרא דעבד טוב,** היתר, כשר, טהור. **רע מסטרא דעבד רע,** איסור, טמא, פסול. גם הוא מלשון כי מרדכי היהודי משנה למלך, שהיה שפחה הנקרא עבד מלך, מלך גם נקרא מלשון שינה, כנזכר בפרשת פינחס דף רמ"ד ע"ב - קם זמנא תנינא ואמר, מארי מתניתין נשמתין ורוחין ונפשין דילכון אתערו כען ואעברו שינתא מניכון דאיהו, ודאי משנה אורח פשט, דהאי עלמא ואנא לא אתערנא בכו, אלא ברזין עילאין דעלמא דאתי דאתון בהון, לא ינום ולא יישן. וזה יובן במה שמבואר יותר למעלה שם - **ורבנן דמתניתין ואמוראי, כל תלמודא דלהון על רזין דאורייתא סדרו ליה.** ונמצא כי המשנה והש"ס הם הנקרא גופי תורה. והנה דבריהם כחלום בלי פתרון, **ורזיה וסתריה הפנימים הנקרא בנשמת התורה, הם הם פתרון החלום הנפתר בהקיץ,** בסוד - אני ישנה ולבי ער, וכמו[9] שאמרו חכמים ז"ל - **במחשכים הושיבני כמתי עולם, זה תלמוד בבלי,** אשר איננו מאיר אלא על ידי ספר הזוהר, **הם הם רזי תורה וסתריה** אשר עליהם נאמר - ותורה אור. ואין ספק כי כמו שהיוצר נקראת עבד ושפחה בערך האצילות, ונקרא קליפין ולבושין דחול, כנזכר בהקדמת ספר התיקונין ד"ג ע"ב וז"ל - וביומי דחול לביש עשר כתות דמלאכיא דמשמשי לעשר ספירות דבריאה. ואם כן אין לתמוה כי התורה אשר שם שהיא המשנה, תהיה נקרא שפחה וקליפין דתורה דאצילות, וזה סוד כל הבשר חציר הנזכר

סנהדרין דכ"ד ע"א.

לעיל במאמר הראשון, כי כמו שהחטה שהיא בגימטריא כמנין כ"ב אותיות התורה, הגנוזה תוך כמה קליפין ולבושין שהם הסובין והמורסן והתבן והקש והעשב, הנקרא חציר, כן המשנה אצל סודות התורה נקרא חציר, וזה נרמז בספר הזוהר פרשת כי תצא ברעיא מהמנא דף רע"ה ע"ב - **אצל רבנן ווי לאינון דאכלין תבן דאורייתא, ולא ידעי בסתרי אורייתא, אלא קלין וחמורין דאורייתא, קלין אינון תבן דאורייתא, וחמורין אינון חטה דאורייתא, ח"ט ה' אלנא דטוב ורע וכו'**. ואלו באתי להרחיב דרוש זה לא יספיקו מאה קונטרסין בלי ספק בלי שום גוזמא, האמנם החכם עיניו בראשו כי דברי אמת אני אומר, ואל יתמה האדם בראותו ספר הזוהר איך קורא אל המשנה שפחה וקליפין, כי עסק המשנה כפי פשטיה, **אין ספק שהם לבושין וקליפין חיצונים בתכלית אצל סודות התורה הנגזים**, ונרמזים בפנימיותה כי כל פשטיה הם בעלם הזה בדברים חומרים תחתונים...... על כן על כל בני ישראל לאכול מעץ החיים.

מה אהבתי תורתך כל היום היא שיחתי. ומבאר הרב ז"ל בהקדמה לשער המצות, כי עסק לימוד פנימיות התורה הוא חלק בלתי נפרד מתלמוד תורה. וז"ל - גם בענין עסק התורה שהיא אחת מרמ"ח מצות עשה, אם לא השלים אותה, **שהוא ענין עסקו בפרד"ס התורה**, שהוא ראשי תיבות **פשט רמז דרש סוד**, בכל בחינה מהם כפי אשר יוכל להשיג, **עד מקום שידו מגעת**, לטרוח ולעשות לו רב שילמדנו. ואם לא עשה כן, הרי חסר מצוה אחת של תלמוד תורה, שהיא גדולה ושקולה ככל המצות, וצריך **להתגלגל** עד שיטרח הארבעה בחינות של פרד"ס כנזכר. וכן מבאר הרב בית לחם יהודה בהקדמתו הקדושה, וז"ל - ומה מאד נמלצו [**אח**"י - מלשון מליצה] בזה דברי הנביא ירמיה)סימן כ"ב(באומרו - אל תבכו למת וכו'. שהוא מדבר עם הציבור המתקבצים להספיד על איזה צדיק הנפטר רח"ל, על שנחסר צדיק אחד מהדור שהיה מנין בזכותו עליהם. וקאמר להו הנביא אל תבכו וכו', **לפי שרובם של צדיקים אינם זוכים לעסוק בכל ארבעה חלקי הפרד"ס, ואם כן מוכרחים הם לחזור ולבוא בגלגול כדי להשלים לימודם בארבעה חלקים**, כי אפילו הוא עסק בשלוש חלקי הפרד"ס, לא יצא ידי חובתו, ועליו נאמר הן כל אלה יפעל א"ל פעמים שלש עם גבר, להחזירו בגלגול. ואם כן הויא פסידא דהדרא. ואפשר שבו ביום שנפטר הוא חוזר ומתגלגל, כנזכר בזוהר ריש פרשת אמור, יעו"ש. ואם כן אין לכם פסידא כל כך. אמנם בכו בכו להלך, לאותו צדיק שכבר עסק בארבעה חלקי הפרד"ס. כי תיבת להלך היא חסר ו', ואם תחשוב תיבת להלך ארבעה פעמים עם ארבעה הכוללים, שהם כנגד ארבעה חלקי הפרד"ס, הם בגימטריא פרד"ס. **שזה הצדיק לא ישוב עוד וראה את ארץ מולדתו, כי על ארבעה לא אשיבנו.** שזהו פסידא דלא הדרא באמת, ונחסר לגמרי מן העולם הזה, עד כאן לשונו. ולכן חובה על כל אדם לעסוק בכל חלקי הפרד"ס, ובפרט בחלק הסוד, הנקרא פנימיות התורה, כמבואר בזוהר הקדוש כמובא בזוהר הקדוש פרשת נשא דף קכ"ד - **בהאי חבורא דילך דאיהו ספר הזוהר יפקון ביה מן גלותא ברחמי**, בזכות הלימוד בספר הזוהר הקדוש, יצאו בני ישראל מהגלות **ברחמים**. ועוד כל מי שחשקה נפשו ללמוד, אסור למנוע זאת ממנו, בסוד הפסוק[10] - אל תמנע טוב מבעליו, ועל כל אדם להיכנס לפרד"ס החיים.

משלי ג' כ"ז – אל תמנע טוב מבעליו בהיות לאל ידך לעשות.

אשרי האיש אשר לא הלך בעצת רשעים ובדרך חטאים לא עמד ובמושב לצים לא ישב. דע כי יהיו הרבה אנשים רשעים, שינסו למנוע מבני ישראל הקדושים ללמוד בכללות תורה, ובפרט את תורת הקבלה, מכל מיני סיבות ומניעות, והשטן מדבר מגרונם של אלו הרשעים. ואלו דברי קודשו של בעל שבט מוסר רבינו אליהו הכהן האתמרי זצלה"ה - ובהביטך בן אדם מה שעובר על אחרים למה תרדוף אתה אחר כל אלה הדברים הזרים, להשביע נפש מרורים ולמוסרה ביד צרים המה המקטרגים הצוררים, ולמה לא תחמול על נפשך ועל נועם תבנית צלם גופך למוסרו בידן ולהשליכו בתוך גחלי רתמים בטיט היון של גיהנם, להשחירו ולהתיכו כאשר ניתך הזפת בפני האש, אשר על כן תן עצה אתה בנפשך **לברור בדרך החיים בעסק התורה והמצות**, וגם להצטער עצמך זמן קצוב הם חיי עולם הזה, כדי שתתענג זמן רב בלתי סוף ותכלית, ואל יעלה על דעתך כאשר עלה בדעת הרבה שנאבדו בידם באומרם כיון שמכיר אני בעצמי שאין בדעתי להבין ולהשכיל, איני עוסק בתורה, טועה הוא בדבר, שהרי הוא מחוייב לעשות מה שנצטוה לעשות, ואם יבין יבין, **שהרי והגית בו יומם ולילה כתיב** ולא כתיב ותבין בו, וכן תמצא בדברי התנא אם למדת תורה הרבה נותנין לך שכר הרבה, ואינו אומר אם הבנת הרבה, אלא למדת אמרו, ותשתדל להבין ואם תבין תבין, ואם לא שכר לימודך בידך, וכמאמר התנא לפום צערא אגרא, ומה גם שאמרו האדם איני לומד מפני שאיני מבין, **הוא פיתוי היצר**, יתמיד בלימודו וסוף הבינה לבא, שבראות קדוש ברוך הוא **חשקו בתורתו ודבקותו בה, פותח לו מעייני החכמה**, דכתיב - כי הוי"ה יתן חכמה מפיו דעת ותבונה. והנני מוסר לך דבר אשר תרדוף אחריה, ויהיה חיים לנפשך וענקים לגרגרותיך, **לעולם יהיה עיקר לימודך בדבר של תורה שליבך חפץ יותר**, אם בגמרא גמרא, ואם בדרוש דרוש, ואם ברמז רמז, **ואם בקבלה קבלה**, ורמז לדבר כי אם בתורת הוי"ה חפצו, כלומר תורת הוי"ה תלויה בדבר שלבו חפץ לעסוק, וכמו שמבאר האר"י זלה"ה בספר דרושי הנשמות והגלגולים פרק שלישי, וז"ל - יש בני אדם שכל חפצם ועסקם בפשטי התורה, ויש שעסקם בדרוש, ויש ברמז, ויש גם כן בגימטריות, **ויש בדרך האמת**, הכל כפי מה שעליו נתגלגל בפעם ההוא, כיון שהשלים פעם אחרת בשאר העניינים, אין צורך לו שבכל גלגול יעסוק בכולם, עד כאן לשונו. **ואל תביט ותשגיח לדברי המתנגדים על מה שחשקת לעסוק בתורה** בגמרא או בפשט או בדרוש וכו', באומרם לך למה אתה מוציא כל ימיך בפרט זה של תורה ולא בפרט זה, משום שעל מה שחשקת ללמוד, על דבר זה זה באת לעולם, ואם תשים דעתך לדבריהם, יכריחוך להתגלגל בזה העולם פעם אחרת ולעבור נפשך בחרב חדה של מלאך המות ולטעום טעם מיתה, ולכן לא תשמע לדברי המשחית נפשך, **כי דע שהשטן מתלבש באלו האנשים לדאוג ולהצטער ולהכאיב נפש הלומד ועוסק בתורה**, בחלק שֶׁאָוְתָה נפשו לעסוק, כדי להבדילו משם שלא ישלים נפשו, על מה שבא להשלימה, ולהכריחו גלגולים אחרים, וכשם שבדבר שחושק יותר האדם ללמוד, משם יבין שעל דבר זה נתגלגל להשלים, כך צריך האדם שידע שורש נשמתו ומהיכן נמשך ועל מה בא לתקן ולהשלים, כמו שאמר בזוהר שיר השירים על הגידה לי את שאהבה נפשי וכו'. **וכדי שיבין יראה באיזה מצוה תקיף יצרו יותר לבטלה יתחזק בה לקיימה, כי בוודאי על מצוה זו נתגלגל**, וכדי שלא ישלים חוקו מנגדו יצרו לבטלה להוציאו מן העולם בידיים ריקניות... ולכן לא תשמע לדברי רשעים אלו, אלא תשמע לדברי חיים.

חבר אני לכל אשר יראוך ולשמרי פקודיך. בסוף[11] עץ חיים מובא מספר כללים למהרח"ו, וז"ל - להאר"י זלה"ה. הרמב"ן וחביריו ודברי ראשונים כמו רבי נחוניא בן הקנה לא הזכירו רק עשר ספירות, ולא גילו עניני פרצוף כלל. **ודע שהרמב"ן והראשונים היו יודעים בפרצוף**, אלא שדברו בהעלם גדול, לרוב הגלות שלא ניתן רשות לגלות, ולהתפשט האורות הגדולים, מאחר שגברו הקליפות, וכל זר לא יאכל קדש. **אמנם בעקבות משיחא כמו בדורינו זה התחילו האורות להתפשט להיות כבראשונה**, כמו שהיה בזמן העולם מתוקן ולהתתקן מעט. ומתחלה היו האורות סתומים, היה העולם מקולקל, וכל מה שנתקלקל נסתם בגלות, ולא היו משיגין אלא עשר ספירות בסתום, בסוד הנקודות, כל אחד כלול מעשר, ובעניין הפרצופים לא נתגלה להם כלל, לפי שמצאו בדברי הראשונים סתומים, ולא ידעו עומק הדברים, וחשבו שכך הוא ודברו בעשר ספירות כל אחד כלול מעשר ובחינות הרבה, ולפי שראיתי מי שחולק על דברים אלו לאמור שלא מצינו אלא עשר ספירות, ומהיכן יש לשלוט כח לאמור כמה פרצופים שנמצא יותר מעשר ספירות, ומספר רב והלא הראשונים כתבו בספר יצירה - עשר ולא תשע, עשר ולא י"א, לזה באתי לפתוח לך כחודא דמחטא, אולי תזכה להבין מקצת, וכולו לא תשורנו עין, וזהו. ובהקדמתו[12] הקדושה כותב הרב ז"ל - והנה אין בכל דור ודור שלא נמצאו בו אנשים יחידי סגולה ששרתה עליהם רוח הקודש, והיה אליהו הנביא ז"ל נגלה עליהם, **ומלמד אותם סתרי החכמה הזאת**, וכמו שנמצא כתוב בספרי המקובלים, גם בעל ספר הרקנטי כתב בפרשת נשא בפרשת ברכת כהנים..... ואנשי לבב שמעו לי, אל יהרסו אל הוי"ה, **לראות בספרי האחרונים הבנויים על פי השכל האנושי**, ושומע לי ישכון בטח ושאנן מפחד רעה. ולכן אני הכותב הצעיר חיים ויטאל, רציתי לזכות את הרבים **בהעלם נמרץ והמשכילים יבינו**, וקראתי שם החבור הזה על שמי **ספר עץ חיים**, וגם על שם החכמה הזאת העצומה, חכמת הזוהר, הנקרא עץ חיים, ולא עץ הדעת כנזכר לעיל, בעבור כי בחכמה הזאת טועמיה חיים זכו, ויזכו לארצות החיים הנצחיים, **ומעץ החיים הזה ממנו תאכל, ואכל וחי לעולם**. ואשכילך ואורך דרך זו תלך דע מן היום אשר מורי זלה"ה החל לגלות זאת החכמה, **לא הזה ידי מתוך ידו אפילו רגע אחד**, וכל אשר תמצא כתוב באיזה קונטריסים על שמו ז"ל, ויהיה מנגד מה שכתבתי בספר הזה, **טעות גמור הוא, כי לא הבינו דבריו, ואם יש בהם איזה תוספות שאינו חולק עם ספירינו זה, אל תשית לבך בקבע אליו, כי שום אחד מהשומעים את דברי קדשו, לא ירדו לעומק דבריו וכוונתו, ולא הבינום**, בלי שום ספק. ואם יעלה בדעתך לחשוב שתוכל לברור הטוב ולהניח הרע, אל בינתך אל תשען, כי אין הדברים האלו מסורים אל לב האדם כפי שכל אנושי, והסברא בהם סכנה עצומה, ויחשב בכלל קוצץ בנטיעות חס ושלום, לכן הזהרתיך ואל תסתכל בשום קונטרסים הנכתבים בשם מורי זלה"ה, זולתי במה שכתבנו לך בספר הזה, **ודי לך בהתראה זאת**, אלו הם דברי קודשו. ועלינו ללמוד אך ורק בתורת מורינו חיים.

אני קראתיך כי תעני אל הט אזנך לי שמע אמרתי. עוד כתב הרב ז"ל בהקדמתו תנאים כדי לזכות לחכמה הקדושה הזאת, וז"ל - אני הכותב משביע בשמו הגדול יתברך, לכל מי שיפלו

11

ע"ח ח"ב דקי"ט ע"א.

12

ע"ח ד"ד ע"ב.

הקונטרסים אלו לידו, שיקרא הקדמה זאת, ואם אותה נפשו לבוא בחדרת החכמה זאת, יקבל עליו לגמור ולקיים כל מה שאכתוב ויעיד עליו יוצר בראשית, שלא יבוא אליו היזק בגופו ונפשו, ובכל אשר לו, ולא לאחרים. תחת רודפו טוב והבא לטהר ולקרב. **ראשית הכל יראת הוי"ה, להשיג יראת העונש, כי יראת הרוממות, שהוא יראה הפנימית, לא ישיגוהו רק מתוך גדלות החכמה**, ועיקר מגמתו בידיעה הזה יהיה לבער קוצים מן הכרם, כי לכן נקראים העוסקים בחכמה הזאת מחצדי חקלא. **ובודאי שיתעוררו הקליפות נגדו לפתותו ולהחטיאו, לכן יזהר שלא לבוא לידי חטא אפילו שוגג**, שלא יהיה להם שייכות בו, לכן צריך ליזהר מהקלות, כי הקדוש ברוך הוא מדרדק עם הצדיקים כחוט השערה, לכן צריך לפרוש עצמו מבשר ויין כל ימות השבוע, **וצריך הזהרת סור מרע ועשה טוב**, ובקש שלום. בקש שלום צריך להיות רודף שלום, ולא להקפיד על דבר קטן וגדול, וכל שכן שלא יכעוס ח"ו.

וצריך להתרחק בתכלית הריחוק סור מרע.

א. ליזהר בכל דקדוקי מצות, ואפילו בדברי חכמים, שהם בכלל לא תסור.

ב. לתקן המעוות קודם שיבא לעולם הבא.

ג. יזהר מהכעס, אפילו בשעה שמוכיח את בניו, לא יכעוס כלל ועיקר.

ד. גם צריך ליזהר מהגאוה, ובפרט בענין הלכה, כי גדול כחה והגאוה, בזה עון פלילי.

ה. בכל צער שיבא לו, יפשפש במעשיו וישוב אל הוי"ה.

ו. גם יטבול בעת הצורך לו.

ז. גם יקדש את עצמו בתשמיש המטה שלא יהנה.

ח. שלא יעבור כל לילה ויחשוב בכל לילה מה שעשה ביום, ויתודה.

ט. גם ימעט בעסקיו ואם אין לו פרנסה כי אם על ידי משא ומתן, יכין יום שלישי ויום רביעי, מחצי היום ואילך, ובכוונה שהוא לעבודת קונו.

י. כל דבור שאינו של מצוה והכרחי, יהיה זהיר ממנו, ואפילו דבר מצוה ימנע בשעת התפלה.

ועשה טוב

א. לקום בחצי הלילה, ולעשות הסדר בשק ואפר ובכי גדול, ובכוונה כל אשר יוציא בשפתיו. ואחר כך יעסוק בתורה כל זמן שיוכל להיות בלי שינה, ובלבד שחצי שעה קודם עלות השחר יתעורר לעסוק בתורה.

ב. ילך לבית הכנסת קודם עלות השחר, קודם חיוב טלית ותפילין, להיזהר שיהיה מעשרה ראשונים.

ג. קודם שיכנס, ישים אל לבו מצות עשה ואהבת לרעך כמוך, ואחר כך יכנס.

ד. להשלים רמז צדיק בכל יום. שהוא צ' אמנים, ד' קדושות, י' קדישים, ק' ברכות.

ה. שלא להסיח דעתו מהתפילין בעת התפילה, זולת בעת העמידה ועסק התורה.

ו. צריך שיהיה עוסק בתורה, מעוטף בטלית ותפילין.

ז. לכוין בתפלה הכוונות, כמו שנבאר בע"ה.

ח. שישים תמיד נגד עיניו שם בן ארבעה אותיות הוי"ה, ויזדעזע ממנו, כמו שכתוב - שויתי הוי"ה לנגדי תמיד.

ט. שיכוין בכל הברכות, בפרט בברכת הנהנין.

י. צריך שיהיה עמל בתורה פרד"ס, שנאמר או יחזיק במעוזי, ואל יחשוב שיגלו לו רזי התורה בהיותו ריק, כדכתיב - יהב חכמתא לחכימין, וצריך ליזהר שלא יוציא בשפתיו בחכמה זו, מה שלא שמע מאדם שראוי לסמוך עליו, וכאזהרת רשב"י וחבריו. השגת החכמה תנאי הראשון, צריך למעט דבורו, ולשתוק, כל מה שיוכל כדי שלא להוציא שיחה בטילה, כמאמר רז"ל - סייג לחכמה שתיקה. גם תנאי אחר, על כל דבר תורה שלא תבינהו, תבכה עליו כל מה שתוכל. גם עלית הנשמה בלילה לעולם העליון, שלא תשוט בהבלי העולם, תלוי שתישן בבכיה. ומרת עצבות מגונה עד מאוד, ובפרט להשיג חכמה, והשגה אין לך דבר מונע השגה יותר מזה. גם בענין השגת האדם, אין לך דבר שמועיל כמו הטהרה והטבילה, שיהיה האדם טהור, בכל עת ומורי זלה"ה עם היות שהיה לו חולי השבר שהקור מזיק לו, עם כל זה לא היה מונע מלטבול בכל עת, עד כאן דברי קודשו. ועלינו לקיים את בקשת הרב ז"ל את הבחינות של[13] סור מרע ועשה טוב, כדי לטפס בעץ החיים.

מרן הרש"ש מעיד[14] על עצמו, וז"ל - וראיתי מה שכתבו מעלת כבוד תורתם, על ענין עבודת הוי"ה שקצרתי במקום שהיה ראוי להרחיב מעט הדיבור, אמת הוא כי לכתחילה קצרתי בו, **יען ראיתי כמה מהנזק יצא ממה שכתבו בזה המקובלים שקדמו, כי רבים חללים הפילו, וחלול כבוד הוי"ה, וכבוד התורה. הוי"ה יכפר בעדם, כי כל דבריהם לא על פי התורה הם, ואינם מיוסדים על האמת, ומהם יצאו אבות, ומאבות תולדות הריסת יסודי התורה חי"ו, הוי"ה יכפר. וכל זה לא שלמדתי בדבריהם ח"ו**, אלא שפעם אחת הוכרחתי בעל כרחי לעיין בדף אחד שכתוב בו קצור מה שכתבו בענין זה, **וכמעט שקרעתי בגדי לראות דברים אשר לא כן על הוי"ה.** הוי"ה יכפר, וכבר מילתי אמורה להם, **כי עידי בשמים כי כל עסקי ולמודי, אינו רק בדברי האר"י זלה"ה, ותלמידו מהרח"ו ז"ל לבדם, ובלעדם אין לי עסק בשום ספר מספרי המקובלים ראשונים ואחרונים, ואפילו בדברי שאר תלמידי האר"י ז"ל לא למדתי, וכשיזדמן לפני דבר מדבריהם, אני מדלגו.** כי על כן איני כמזהיר, אלא כמזכיר, למען הוי"ה אל יהי לכם מגע יד בדבריהם, ובפרט בענין זה, השמרו לכם פן יפתה לבבכם, **אלא כל לימודם לא יהיה אלא בעץ חיים ובספר מבוא שערים ובשמונה שערים המפורסמים**, שכולם דברי אלהי"ם חיים. ואני קצרתי בענין זה כל מה שאפשר, כי יראתי פן יפלו דפים אלו ביד מי שעדיין לא למד דברי האר"י ז"ל כראוי, **ויחשידני שלמדתי בספרים אחרים, ולא כן הוא כאמור**, ולכן קצרתי בו, ופיזרתי בהקדמה, עד כאן דברי קודשו של מרן הרש"ש. ואנחנו תפילה שיתגלה משיח צדיקנו במהרה בימינו, ומלאה[15] הארץ דעה את הוי"ה כמים לים מכסים, דעת תורת החיים.

<hr>

13

תהלים ל"ד ט"ו – סור מרע ועשה טוב בקש שלום ורדפהו.

14

נהר שלום דף ל"ד ע"א.

15

ישעיהו י"א ט' – לא ירעו ולא ישחיתו בכל הר קדשי כי מלאה הארץ דעה את הוי"ה כמים לים מכסים.

כתב רבינו גאון הקבלה רבי אליהו מני, רבו של הרי"ח הטוב, רבי יוסף חיים בעל הספר "בן איש חי", בספרו הקדוש **כסא אליהו** כי על הלומד ללמוד כל מאמר ומאמר ארבעה חמישה פעמים בלי המפרשים, וינסה להבין את המאמר בעצמו. ואחר כך ילך לראות אם כיוון לדעת המפרשים.

וכן אני הקטן מבקש בכל לשון של בקשה, ללמוד את הדרוש כמו שהוא מובא בספר עץ חיים, ארבעה חמישה פעמים, כדי לנסות להבין את הדרוש. וכל דרוש מובא בתחילת הספר במלואו.

אחר כך יכנס ללמוד את הדרוש עם ביאור הדברים, עוד ארבעה חמישה פעמים, ואחר כך יראה את המקורות להגהות, ודברי רבותינו הקדושים, עם התרשימים וטבלאות.

ואז יעלה ויצליח בלימוד תורת האר"י הח"י.

כתב רבינו **השד"ה** רבי שאול דוויק הכהן, בהקדמת ספרו איפה שלימה, על אוצרות חיים וז"ל - וכדי שיוכל לעלות לימודו למעלה, ריח ניחוח לה'. קודם כל לימוד ימסור עצמו על קדושת ה', כי זה מועיל מאוד, כמו שכתוב בשער הכוונות דף כ"ד ע"ב, כי עתה בזמנינו בעונותינו הרבים אין יכולת לעשות זווג כתיקונו למעלה, ולסיבה זו הקץ מתארך וכו'. אמנם עם כל זה יש קצת תיקון במה שנמסור נפשינו על קידוש ה' בכל הלב, כי על ידי כן אפילו אין בנו שום מעשים טובים, והרשענו עד להפליא. הנה על ידי מסירת נפשינו להריגה, מתכפרים עונותינו כולם, ויש בנו יכולת לעלות עד אימא עילאה, כמו שאמרו חז"ל - גדולה תשובה שמגעת עד כסא הכבוד, שנאמר - שובה ישראל עד ה' וכו', עד כאן דבריו.

וזה הסדר

יקבל עליו ארבע מיתות בית דין, מארבעה אותיות הוי"ה וארבעה אותיות אדנ"י, וליחדם על ידי ארבעה אותיות אהי"ה ועל ידי עסמ"ב

סקילה י **א** וליחדם על ידי **א**	יוד ה'י ויו ה'י
שרפה ה **ד** וליחדם על ידי **ה**	יוד ה'י ואו ה'י
הרג ו **ג** וליחדם על ידי י	יוד ה'א ואו ה'א
וחנק י **ה** וליחדם על ידי ה	יוד ה'ה וו ה'ה

לְשֵׁם יִחוּד
קֻדְשָׁא בְּרִיךְ הוּא וּשְׁכִינְתֵּה

יאהדונהי

בִּדְחִילוּ וּרְחִימוּ   וּרְחִימוּ וּדְחִילוּ

יאההויהה   איההיוהה

לְיַחֲדָא אוֹתִיּוֹת י"ה בּו"ה, בְּיִחוּדָא שְׁלִים

יהו"ה

בְּשֵׁם כָּל יִשְׂרָאֵל, לַאֲקָמָא שְׁכִינְתָּא מֵעַפְרָא, הָרֵינִי לוֹמֵד בַּסֵּפֶר
קַבָּלָה פְּלוֹנִי שֶׁהוּא כְּנֶגֶד תִּפְאֶרֶת דז"א בְּעוֹלָם הָאֲצִילוּת שֶׁבּוֹ
שֵׁם מ"ה כָּזֶה יוֹ"ד ה"א וָא"ו ה"א לַעֲשׂוֹת מֶרְכָּבָה. וִיהִי רָצוֹן
מִלְּפָנֶיךָ ה' אֱלֹהֵינוּ וֵאלֹהֵי אֲבוֹתֵינוּ שֶׁתּוֹצִיךְ רוּחֵנוּ וְנַפְשֵׁינוּ שֶׁיְּהִי
רְאוּיִים לְעוֹרֵר מַיִן תַּתָּאִין עַל יְדֵי קְרִיאַת סֵפֶר הַקַּבָּלָה הַזֹּאת.
וִיהִי נֹעַם יְהוָה אֱלֹהֵינוּ עָלֵינוּ וּמַעֲשֵׂה יָדֵינוּ כּוֹנְנָה עָלֵינוּ וּמַעֲשֵׂה
יָדֵינוּ כּוֹנְנֵהוּ.

בָּרוּךְ ה' לְעוֹלָם אָמֵן וְאָמֵן, נֶצַח, סֶלָה, וָעֶד.

שער ז' פרק ה'

ועתה אחר שהוא מטי בכתר צריכין אנו לבאר מציאות לא מטי בחכמה ובינה נודע כי כל האורות שבחו"ב הם עולין בכתר בהיות הזו"ן שבכתר במקומה כנ"ל)נ"א במקום הנ"ל(הנה כבר ביארנו שיש ה' אורות בב' כלים כי בכלים של חכמה יש זו"ן ובכלי של בינה יש זו"ן]עם חסד הנ"ל[ועלייה אלו תלוי במעשה התחתונים לפעמים יעלו כל ה' אורות ופעמים לא יעלו כי אם ד' אור החסד שהוא ב"ן נשאר בכלי של בינה והנה ביארנו למעלה כי יש זו"ן בכל א' מאלו הג"ר ונקרא י"ר בזכר ה' בנוקבא ודע כי כל אלו הה' אורות כשעולין בכתר לפעמים נכללין בנוקבא ולפעמים בדכורא ולפעמים קצתם בנוקבא וקצתם בדכורא ודע כי לעולם כשאין עולין אלא ד' אורות אינם נכללין רק בנוקבא.

ונבאר עתה חלוקה זו ונאמר כי קודם שיעלו אלו האורות למעלה להכלל בכתר אז שם י"ה שבכתר הוא פשוט ואינו במילוי אך בעליית אלו האורות למעלה אז יהיה בהם מילוי והנה ג' מלואים הם או ביודי"ן או בההי"ן או באלפי"ן והנה כשאין עולים רק ד' אורות הם כולם נכללין בנוק' שהיא ה' של שם י"ה שבכתר ואז מילוי אותו ה' הוא ביו"ד כזה ה"י. והענין כי ד' אורות כשעולין בנוקבא הנה ג' תתאין בטלין בראשון כי לעולם אור החכמה הוא המבטל את האחרות ואז שלשתן מתבטלין באות י' שהוא החכמה לכן מילוי ה' זו היא בי' אך דע כי כאשר זו"ן שבכתר עולין)נ"א עליון(למעלה בשרשיהן שהוא סוד לא מטי הנה ט"ס שבכל א' מהם ההעולין ונשארים למטה במקומם ב' מלכיות מלכות הזכר ומל' הנקבה בב' כלים הנקרא י"ה כנ"ל בהיותן פשוטים בלי מילוי. ואמנם דע כי אז ב' מלכים אלו שוין כי אע"פ שהזכר הוא גדול מהנוקבא עכ"ז עתה הם שוין לפי שבחי' אור הזכר הוא בסוד הסתלקות כנ"ל כי כאשר רצו להסתלק אותן האורות כדי לעשות כלי אז נשארו אותן אורות בכח"ב כנ"ל ר"ל הרשימות נמצא כי אור הזכר של הכתר הוא בסוד הסתלקות ואור הנוק' שבכתר הוא בסוד הפנים כנודע לכן אור הזכר ואור הנקבה הם שוין בפעם הזאת. ועוד שלפי שהזכר הניח את עצמו מבחוץ תחת השרשים לכן תאוות של הזכר שבכתר הוא גדול לחזור ולעלות משא"כ בנוקבא ולכן כמעט שכל אור הזכר עולה למעלה ולא נשאר רק מיעוט מהאור אך הנוקבא שאין לה למעלה שורש כנודע כמו הזכר שבכתר לכן אין לה כ"כ תאוה וחשק לעלות ונשאר האור הרבה ממנה בכלי שלה לכן יוכלו להיות שוין אז ב' המלכות ביחד זכר ונקבה אך כאשר חוזרין הזו"ן לבא אז בא הזכר בכל אורו וגם כי הוא לוקח אור גדול משורש הכתר שלמעלה ממנו ואז כשחוזרין אין יכולת בנוקבא לקבל אור הזכר כולו רק מסוד ו"ק לבד.

והנה כדי שיתבאר לך זה צריך לדעת הקדמה א'. והוא כי יש חילוק בין פעם א' בעת אצילות לזמן שאחריו כי בפעם א' שבכולם שהוא כאשר נשאר אור הזכר של הכתר בעת הסתלקות הא' ואח"כ בהתפשטות ב' כשנכנס החכמה בכלי הכתר אז לא נכנס בכלי של הזכר רק נכנס בכלי הנוק' עצמה שהוא בסוד ה' של י"ה והיה זו"ן בב' כלים אך בהסתלקות ב' אשר היו עולין

זו"ן שניהם למעלה ואז נשתוו שניהן יחד וקבלו כולם ביחד הארה מן כתר עליון ולכן כאשר באים וחוזרין בכלים שלהם אז נכנסין שניהן בכלי של הזכר והמלכות של הנוקבא נשאר (נ"א אשר) בכלי של הה' שלה כנ"ל. וכן הענין תמיד אחר הפעם הראשון כי לעולם הזו"ן נשארין בכלי הזכר ושם מזדווגים ביחד נמצא כי היו"ד שהוא הכלי (נ"א בכלי) של הזכר שם היו שניהן זו"ן ואז כאשר הם מזדווגים אין הנוקבא סובלת אור הזכר רק מן הו"ק שלו ומזווג זו"ן אלו אשר נכללו באות י' פשוטה אז יוצא מהם דוגמתן ב' בנים זו"ן והם סוד ו"ד מילוי יו"ד. והענין הוא לפי שהזכר אינו מזדווג בנוקבא רק בסוד ו"ק שלו לכן גם הבן שלו הוא צורת ו' ג"כ אמנם הנוקבא היא צורת ד' לפי שיש לה כל ד' כלים רק שהאור ו"ק שלה בטלים בד' ראשונים שלה לכן נקרא ד' הרי מילוי יו"ד שהוא ו"ד וכל זה נקרא יו"ד שהם זו"ן (נ"א שהוא דזו"ן) ואח"כ הוא אות ה' של י"ה שהוא הכלי של הנוקבא ושם נשארת המלכות של הנוקבא כנ"ל. והנה כאשר עולין הד' אורות התחתונים באות ה' זו אז היא מתמלאת באות י' ונעשית ה"י כנז"ל אמנם צורת ה' זו כזה ו"ד לפיכך הוא עשרה.

(לא נמצא יותר מכאן ואילך גם בע"ח לא יש יותר).

נשלם היכל ראשון.

[דל"ג ע"ג 66]

פרק ה'

דרוש זה מקורו מספר הדרושים וצריך לכתוב מ"ק בראש הדרוש.

דרוש זה המשך ישיר לפרק הקודם פרק ד', בפרק ד' ביאר הרב ז"ל איך הזכר ונקבה דכלי הכתר עולים לפה דא"ק, ומקבלים שפע ומוחין מן השרשים הנמצאים בפה דא"ק, ואחר קבלת השפע הם יורדים[16] בחזרה לכלי דכתר דעקודים, בסוד מטי בכתר. כאן בפרקין הרב ז"ל מבאר את בחינת[17] לא מטי בכלים דחו"ב, כאשר האורות דכלי החכמה וכלי הבינה עולים לכלי הכתר, בבחינת לא מטי בכלי החכמה ובכלי הבינה, ומקבלים שפע המגיע להם. כן מבאר הרב ז"ל את בחינת האורות דכלי הכתר בהסתלקותם, התפשטותם, וזיווגם. **צריך לדעת** שדרוש זה חסר הרבה פרטים, שגם הם לא נמצאים בשאר ספרי הרב ז"ל, כמו שמסים דרוש זה.

וְעַתָּה אֱזוֹר שעלו הזכר והנקבה דכלי הכתר לפה דא"ק, וינקו די צרכם ודי סיפוקם מהשרשים דעקודים, חזרו בחזרה האורות האלה לכלי שלהם, **שֶׁזֶּה הוּא מְטֵי בִּכְלֵי הַכֶּתֶר,** וכאשר[18] האורות דכלי הכתר חוזרים בחזרה לכלי דכתר בסוד **מטי בכלי הכתר,** האורות שבכלים דחכמה ובינה דעקודים, עולים לכלי הכתר, והם[19] בבחינת **לא מטי בכלי החכמה ובכלי הבינה,** כדי לינוק שפע להם ולתחתונים, וגם[20] מפני שהג"ר חשובין כאחד, **וְצְרִיכִין** אָנוּ[21]

16

ע"ח ש"ז פ"ד מ"ק דל"ג ע"ג – והנה אחר שקבלו מן השורש החכמה זכר ונקבה גם כן, אז אינן צריכין לינק עוד, ואז יורדין זכר ונקבה בכלי שלהם.

17

כרם שלמה ש"ז פ"ה אות א' – עד עכשיו ביאר בחינת לא מטי בכתר, מה מגיע להם להזכר ונקבה שבכתר מן העליונים על ידי שעולים למעלה, ואמר שמקבלים הארות מן השרשים של הכתר והחכמה.

18

תרשים ה – א.

19

ע"ח ש"ז פ"ב מ"ק דל"א ע"ב – עתה חזר **להיות מטי בכתר, ואז לא מטי בחכמה ובינה,** ובחסד, ומטי בגבורה, ולא מטי בתפארת, ומטי בנצח, ולא מטי בהוד, ומטי ביסוד, ולא מטי במלכות, ואחר כך חוזר כמתחילה. והרי עתה כמה בחינות, האחד כי לעולם חשק אור התחתון להדבק בעליון, וכאשר הוי מטי ביסוד, הוי לא מטי במלכות, כי אז אור המלכות עולה שם ביסוד, מחמת החשק, וכן בכל שאר הספירות חוץ מן החסד עם הבינה, כי כאשר הוי לא מטי בבינה, אז הוי לא מטי בחסד, מפני ב' מרחקים, וכשהוא מטי בבינה אז הוי גם כן מטי בחסד, כי אין שוה אור חסד לכל אור בינה, אמנם אותו רגע לבד שיורד בינה במקומה, אז מוצאת החסד במקומה, וברגע יורד החסד למקומו, וזה ענין שהו"ק הם בפני עצמם מדריגה אחת, ואינם יכולים להדבק בבינה שהיא מג"ר. גם ענין מטי ולא מטי בג"ר, הוא בענין אחר, **כי כאשר הוא מטי בכתר אז עולין שניהן חו"ב למעלה בכתר.** ולטעם זה נקרא ג"ר חשובים כאחד. **וכשלא מטי בכתר אז הוי מטי בחכמה,** ומהראוי שתישאר שם הבינה ותהיה לא מטי בבינה, רק משום כי חפץ חסד הוא כנ"ל, **הוי מטי גם כן בבינה.**

20

ע"ח ש"ז פ"ב מ"ק דל"א ע"ג – גם ענין מטי ולא מטי בג"ר הוא בענין אחר, כי כאשר הוא מטי בכתר אז עולין שניהן חו"ב למעלה בכתר. ולטעם זה נקרא **ג"ר חשובים כאחד,** וכשלא מטי בכתר, אז הוי מטי בחכמה, ומהראוי שתישאר שם הבינה ותהיה לא מטי בבינה, רק משום כי חפץ חסד הוא כנ"ל, הוי מטי גם כן בבינה.

לְבָאֵר את **המציאות** הזאת של **לא מטי** בְּכלי הַזכמה ולא מטי בכלי הַ**בִּינָה.** [22] נוֹדַע [23] כי [24] כָּל [25] **הָאורות שֶׁבִּ**כלי הַ**זכמה** שהם הזכר והנקבה דכלי החכמה, כאשר הזכר הוא אור הרשימו דחכמה, והנקבה היא אור הבינה העיקרי שהתפשטות השניה והתלבש בכלי החכמה, **וכל** הָאורות שֶׁבּכלי הַ**בִּינָה** שהם הזכר והנקבה דכלי הבינה, כאשר הזכר הוא אות י' שנולד מזיווג הזכר ונקבה דכלי החכמה והתלבש בכלי הבינה, והנקבה הוא אור הרשימו דבינה, ועוד יש את אור החסד המשמש בבחינת [26] מ"ן, כל האורות האלה **הֵם** מסתלקים מהכלים שלהם **וְעוֹלִין** בְּכלי הַכֶּתר, אבל אך ורק **בְּהֱיוֹת** [27] הַ**זָּכֶר וְנֻקְבָה שֶׁ**הם הרשימו דכתר ואור החכמה **בְּ**כלי הַ**כֶּתר** ל"ג **בִּמְקוֹמָה** [28] אלא צריך לגרוס **בִּמקום** כלי הכתר **כנזכר לעיל** (נ"א [דל"ג

שער ההקדמות, דרוש ב' בענין מטי ולא מטי דט"ו ע"ד – ועם מה שהקדמנו בכלל זה, יתבאר לך היטב ההקדמה הנודעת, **כי עשר ספירות יש בהם ב' מדרגות,** והם ג' **ראשונות שהם חשובים כאחד,** ושבעה תחתונות מדרגה אחרת. ועוד יש חלוק אחר בין הג' ראשונות עצמם, בענין מטי ולא מטי, והוא כי מן הראוי היה כשהוא מטי בכתר יהיה לא מטי בחכמה, ומטי בבינה, כמו שהוא בסדר ז' תחתונות. וכן כשהוא לא מטי בכתר, יהיה מטי בחכמה, ולא מטי בבינה. אבל אין הענין כך, והטעם הוא לסיבה הנזכרת, **כי הג' ראשונות חשובות כאחת,** ולכן כשהוא מטי בכתר, אז הוי לא מטי בחו"ב, כי שתיהם עולות שם יחד בכתר. וכשלא מטי בכתר אז מטי בחכמה. והיה ראוי שישאר אור בינה בחכמה, ויהיה לא מטי בבינה כנזכר לעיל, אבל הטעם הוא כנזכר לעיל, כי חפץ חסד הוא, ורוצה לירד אצלו להאיר בו, ולכן הוי גם כן מטי בבינה.
21

כרם שלמה ש"ז פ"ה אות א' – ועכשיו מבאר כשחוזרים אלו הזכר ונקבה בהכתר, ונקרא מטי בכתר, מה מגיע להם מן התחתונים, שהוא מן חו"ב. ומבאר והולך שהיי"ה הפשוט שבכתר מתמלא במילוי יודי"ן ונעשה יו"ד ה"י כזה. והולך ומפרש כיצד, והוא אחר שמטי בכתר וחוזרין הזכר ונקבה דכתר בכלים שלהם, אז מוכרח הוא שלא מטי בחו"ב. ופירושו הוא שהאורות של החו"ב עולים להכתר, והואיל והזכר ונקבה חזרו אליהם, כדי לשאוב מהם אורות ושפע, כמו שמבואר למעלה, מפני החשק שיש להם.
22

כרם שלמה ש"ז פ"ה אות א' – וזהו מה שכתב נודע כי כל האורות שבחו"ב הם עולים בכתר, ולא כל זמן, אלא בהיות הזכר ונקבה שבכתר במקומם, פירוש שחזרו להכלים שלהם.
23

שמן ששון ש"ז פ"ה אות א' – נודע כי האורות שבחו"ב הם עולים בכתר בהיות הזכר ונקבה במקום הנזכר לעיל, עד כאן. פירוש, בהיות הזכר ונקבה שהם הרשימו דכתר ואור החכמה בכלי הכתר. עוד יש לפרש ועיין לקמן אות ח'.
24

שמן ששון ש"ז פ"ה אות ח' – כי כל אורות שבחו"ב הם עולים בכתר, בהיות הזכר ונקבה במקומם כנזכר לעיל. פירוש, כמו שכתב לעיל בפרק ב' בסדר התפשטות השני בבחינת מטי ולא מטי, עד שנתפשט האור עד למטה בכלי דזכר ונקבה, והיה אורות דזכר ונקבה במקומם הראוי להם. ועל זה בא רבינו כאן שכאשר מטי בכתר בהיות הזכר ונקבה במקומם וכו'. ופשוט.
25

תרשים ה – ב.
26

ע"ח ש"ז פ"ג מ"ק דל"ב ע"ד – ואחר כך כאשר נתנו השבע אורות בכלי של בינה, אז ניתן בה אור של החסד, ונשאר בה אור החסד תמיד בבחינת מ"ן,)בס"א כמן בצנצנת(.
27

בית לחם יהודה ש"ז פ"ה – בהיות הזכר ונקבה דכתר במקומם. הם הדכרא ונוקבא, שהם בחינת הרשימו דכתר שנעשה דכורא, ואור החכמה דמטי בכתר שנעשה נוקבא לרשימו, כמו שמבואר בפרק ג' דלעיל.
28

הגהות וביאורים)ד(– פירוש בהיות הזו"ן שהם הרשימו דכתר ואור החכמה בכלי הכתר.

ע"ד 66 **בְּמָקוֹם הַנַּ״ל,** כי כאשר האורות דכלי הכתר מסתלקים למאציל, וזה הוי **לא מטי** בכתר, האורות של הכלים דחכמה ובינה חוזרים לכלים שלהם, וזה הוי **מטי** בכלי החכמה, **ומטי** בכלי הבינה. [29] **הִנֵּה**[30] **כְּבָר בֵּיאַרְנוּ שֶׁיֵּשׁ וְחַמִשָׁ֖ה**[31] **אוֹרוֹת בְּב׳ הַכֵּלִים** דחכמה ובינה, **כִּי**[32] ל"ג **בְּכֵלִים** אלא צריך לגרוס **בכלי שֶׁל הַֿחָכְמָה יֵשׁ זָכָר וּנְקֵבָה,** שהם אור הרשימו דחכמה, שהוא בחינת הזכר דכלי החכמה, ואור הבינה העיקרי, והוא הנוקבא דכלי החכמה, **וּבכֵלִי**[33] **שֶׁל הַבִּינָה יֵשׁ** גם **זָכָר וּנְקֵבָה** שהם אות י' שנולד מזיווג הזכר ונקבה דכלי החכמה, והוא בחינת הזכר דכלי הבינה, ואור הרשימו דבינה, והוא בחינת הנקבה דכלי הבינה, **וֹ**עוד נמצא בכלי הבינה אור החסד, שהוא ל"ג ל"[34] **בֶּ"**[35] אלא צריך לגרוס **בֶּן,** כי אור החסד הוא בן[36] אחד

מהבנים של בינה [עִם זֶזֶסֶד הַנַּ"ל]. וכאשר האור דכלי הכתר שהוא הרשימו דאור הכתר ואור החכמה העיקרי, **מטי** בכלי הכתר, אז האור **לא מטי** בכלים דחכמה ובינה, ר"ל האורות הנמצאים בכלים דחכמה ובינה מסתלקים מהכלים שלהם ועולים לכלי הכתר. [37]**וְעֲלִיַּית** [38]**אֵלּוּ** האורות [39]**תָּלוּי** **בְּמַעֲשֶׂה הַתַּזְזתּוֹנִים,** [40]כִּי אם התחתונים היו ראוים, והדור הגון, היה השפע נמשך להם מהמאציל שהם עומדים במקומם, במקום שהספירות דעקודים עומדים בו, מבלי צורך להסתלק למעלה, כִּי [41]**לְפַעֲמִים** כאשר מעשה התחתונים לא ראוי, והדור לא הגון, אז

ע"ח ש"ז פ"ג מ"ק דל"ב ע"ד – וכן הענין גם כן בבינה, רק שיש בה הפרש, והוא שנשאר בה אור הבינה מועט בעת הסתלקות כנ"ל, ועתה נכנס בה אור החסד, **והנה חסד בן הבינה כנודע**, ולא יתכן שיהיה הוא הזכר ואור הבינה עצמה נקבה אליו, ואם נאמר שאור הבינה יהיה זכר, ואור החסד יהיה נקבה, גם זה לא יתכן.
37

שמן ששון ש"ז פ"ה אות ג' – ועליות אלו תלויים במעשה התחתונים, לפעמים עלו על כל ה' אורות. הנה כאן בכל שער זה לא פירש רבינו אופן עליית החמשה אורות, שהרי הבן שהוא החסד אינו עולה למעלה מכלי הבינה, ועיין לעיל בפרק ב'. ואמנם אופן עליית ד' אורות הוא מפורש, והוא כאשר מטי בכתר אז לא מטי בחו"ב כנזכר, שעולים בכתר, ועיין שער ההקדמות שם דמעשה התחתונים גורמים שיסתלקו כל החמשה אורות למעלה בכתר, יע"ש. נראה דזהו בשעת זעם ואף ועיין לעיל סוף פרק ב' שכתב גם כן על פסוק - כי רגע באפו חיים ברצונו.
38

בית לחם יהודה ש"ז פ"ה – ועליות אלו תלוי במעשה התחתונים. נראה לעניות דעתי שאם הדור הגון, הנה מלבד מה שמתעכבין הזכר והנקבה במאציל, כדי לינק שפע גדול, כמבואר בפרק ג' דלעיל, אלא שגם בחזרתם למטה בכלי הכתר, שזהו מטי בכתר, דקאי ביה רז"ל הכא זוכים אותו הדור שיעלו כל החמש אורות שבכלים דחו"ב לכתר, כדי לקבל שפע משם, ואם אין הדור הגון, אין עולים לכתר כי אם ד' אורות בלבד, ואור החסד שהוא עיקר המ"ן אינו עולה עמהם, כדי שלא יגרום זווג באותם האורות.
39

ע"ח ש"ו פ"ז מ"ב דכ"ח ע"ד - וצריך עתה לבאר מה הארה היתה נמשכת אל האורות התחתונים, בעת עליית אורות העליונים מהם, כמו שהתחלנו לבאר למעלה ענין זה. וכדי לבאר ענין זה יתבאר לך **כלל גדול שיצטרך לך** בכל שאר מקומות, והוא ענין אור ישר ואור חוזר מתתא לעילא כנזכר בתיקונים ובזהר במקומות רבים. דע כי אין ספק כי לעולם השגחת השפעת המאציל בנאצלים אינה נפסקת אפילו רגע אחד, ואף גם בהיות **פגם בתחתונים**, שאז)נ"א נמצא ניצוצי(האורות העליונים מחזירין פניהם מן התחתונים, ומסתלקין מהם ועולין למעלה, עם כל זאת השגחת הארה עליונה המוכרחת להחיות התחתונים די ספוקה, אינה נפסקת כלל, כמו שכתוב על פסוק - כי רגע באפו חיים ברצונו. ובודאי הוא שלא תהיה הארה זו הנמשכת מן המאציל המאיר בתחתונים בעת הסתלקות האורות למעלה, דומה אל הארה הנמשכת בתחתונים בעת ירידת אורות העליונים למטה, להאיר בתחתונים. ונמצא עתה ב' בחינת אורות נמשכין מן המאציל לתחתונים, אחד הוא בעת ירידת האורות למטה. והשני הוא בעת הסתלקות האורות למעלה, זאת דרך עליה, וזאת דרך ירידה. ואמנם)נ"א כשרצון בעליונים(כאשר **יש רצון ויש כח בתחתונים ושלימות** לקבל אור העליון של המאציל, אז האורות העליונים חשקם וחפצם להאיר למטה, ועל ידי כך הופכים פניהם למטה להמקבלים, לירד להאיר בהם דרך פנים בפנים מאירים. ואמנם **כשאין שלימות בתחתונים**, והאורות מסתלקים, הם הופכים)נ"א והופכים(פנים אל המאציל, אשר כוונתן לעלות שם, ומחזירין את אחוריהן נגד המקבלים התחתונים, ואז אותו הארה שמאירה בתחתונים בעת ההיא באה דרך אחוריהם, ומאחוריהם מקבלים התחתונים הארה המוכרחת להם, כדי חיותם ולא יותר.
40

כרם שלמה ש"ז פ"ה אות א' – ומה שכתב ועליית אלו תלוי במעשה התחתונים. ר"ל כי אם היו ראוים התחתונים, היה השפע הזה נמשך להם ממקומו למקומם, אשר הספירות התחתונים עומדים בו. אבל עכשיו שמעשה התחתונים אינם ראוים, אז יעלו ויסתלקו כל אורות האלו של כל הזמנים המה שוים.
41

יעלו לכלי הכתר **כל החמשה אורות** שהם הזכר ונקבה דכלי החכמה, והזכר ונקבה דכלי הבינה, ועוד עולה לכלי הכתר הוא אור החסד הנקרא **בן**, והתחתונים יקבלו שפע מועט, רק[42] כדי חיות העולמות• **ופעמים**[43] כאשר מעשה התחתונים אינם כל כך רעים, אז **לא יעלו כי אם ארבעה**[44] אורות, שהם הזכר ונקבה דכלי החכמה, והזכר ונקבה דכלי הבינה, **ואור החזסד שהוא** ל"ג ב"ן אלא צריך לגרוס בן **נשאר למטה בכלי של הבינה** עם אור הגבורה שהסתלק מכלי החסד• **והנה**[45] **ביארנו**[46] **למעלה** בפרק[47] ג' דשער זה **כי יש** כלים לזכר ונקבה בכל אזוד מאלו הג"ר, והכלים באלו נקראים י"ה, אות י' היא **בזכר**, ואות ה' **בנוקבא**, בכל אחד מהכלים דזכר ונקבה שבג"ר[48]• **ודע כי**[49] בזמן שהוא

כרם שלמה ש"ז פ"ה אות א' — כי יש זמן שהמעשים אינם ראויים, אז יעלו ויסתלקו כל החמשה אורות האלו של החו"ב, ופשוט הוא שבהסתלקותם ימעט השפע מן התחתונים.
42

ע"ח ש"ו פ"ח מ"ב דכ"ט ע"ב — אמנם **כשאין התחתונים ראויים**, האורות מסתלקים וחוזרין למעלה, שאינם רוצים להאיר למטה. אמנם עם כל זאת לא יחפוץ המאציל ב"ה בהשחתת העולם, ומאיר לתחתונים שיעור חיות ומזון ושפע הראוי לעצמן בלבד, ולא להוציא תוספת נשמות חדשות, וכיון שהשפעת אור זה בלתי רצונו, הנה הוא ממשיך אליהם אור מחיצוניותו בלבד, שהוא **אור מספיק לחיות העולמות** די הכרחן, ולא יותר.

ע"ח ש"ז פ"ב מ"ב דל"א ע"ג — גם דע כי שיעור הזמן אשר לא מטי האור בספירה הוא רגע אחד לבד, וזה סוד כי רגע באפו, כי הסתלקות האור שהוא לא מטי היה רגע מחמת זעם, ואף מחמת התחתונים שאין בהם כח, אך המשך בחינת מטי שהוא חזרת האור למטה **להחיות העולמות** אין בהם שיעור, כי כפי מעשה תחתונים כך יהיה, וזהו חיים ברצונו, כפי הרצון שיהיה אז, ר"ל **כפי מעשה בני אדם**, כך ימשך זמן החיים ההם.
43

כרם שלמה ש"ז פ"ה אות א' — ויש זמן שהמעשים אינם כל כך רעים, אז לא יעלו כי אם ד' אורות. ואלו הד' אורות העולים הם הזכר ונקבה דחכמה, והזכר ונקבה דבינה, ונשאר למטה הוא אור החסד שהוא הבן, והוא נשאר בכלי הבינה.
44

תרשים ה – ג.
45

בית לחם יהודה ש"ז פ"ה — והנה ביארנו למעלה. בסוף פרק ג' דלעיל.
46

שמן ששון ש"ז פ"ה אות ד' — ביארנו למעלה כי יש זכר ונקבה בכל אחד מאלו הג"ר, ונקרא י"ה וכו'. לעיל סוף פרק ג'.
47

ע"ח ש"ז פ"ג מ"ק דל"ג ע"א — כלל הדברים כי בכתר עליון יש שם י"ה, שהוא זכר ונקבה, כתר וחכמה. ובחכמה יש זכר ונקבה, והוא שם י"ה אחר, והוא חו"ב. ובינה שם י"ה אחר, שהוא זכר ונקבה, והוא החכמה (נ"א י' מן חכמה) המתחדשת מן הזווג העליון שבזכר ונקבה שבחכמה י', ובינה היא נקבה אליו, והיא אות ה', הרי שם י"ה גם כן בכאן.
48

תרשים ה – ד.
49

שמן ששון ש"ז פ"ה אות ה' — ודע כי כל אלו החמשה אורות כשעולים בכתר)והוא שלא בשעת רצון, על ידי מעשה התחתונים כנזכר לעיל(לפעמים נכללים בכתר, לפעמים נכללים בנוקבא, לפעמים בדוכרא, לפעמים קצתם בדכורא וקצתם בנוקבא. ורבינו בכל שער זה ובשער ההקדמות שם לא פירש אופן בכל אחד להיות על דרך הנזכר, ועיין לקמן.

לא שעת רצון, בגלל מעשה התחתונים **כל אלו החמשה אורות כשעולין בכלים**[50] דזכר ונקבה שנמצאים בכלי ה**כתר, לפעמים** כאשר הדור אינו הגון כל כך **נכללין בכלי** של ה**נוקבא** דכתר, הנקרא אות ה', **ולפעמים**[52] כאשר הדור יותר הגון נכללין **בכלי ה**ד**כורא** דכתר, הנקרא אות י', **ולפעמים קצתם בכלי ה**נו**קבא** דכתר, **וקצתם בכלי ה**ד**כורא** דכתר, **ודע**[53] **כי לעולם כשאין** הדור הגון לא עולין לכלי הכתר **אלא** רק **ארבעה אורות,** שהם הזכר ונקבה דחכמה, והזכר ונקבה דבינה **אינם נכללין רק בכלי ה**נו**קבא** דכתר, ואור החסד נשאר למטה בכלי הבינה.

הרב ז"ל ביאר עד עכשיו באופן כללי את עליית האורות דחו"ב לכלי הכתר, כאן הרב ז"ל מבאר את הסוגיה בפרטות.

ונבאר[54] **עתה זולוקה** זו של העלייה של ארבע האורות דחו"ב, ונכללים רק בכלי הנוקבא דכתר לעומק, **ונאמר כי קודם שיעלו אלו האורות** דחו"ב **למעלה** כדי **להכלל בכתר** ר"ל כאשר **לא מטי** בכלי הכתר, **אז**[55] **שם י"ה שב**כלים דזכר ונקבה דכלי הכתר **הוא פשוט** שם אות י'

50

כרם שלמה ש"ז פ"ה אות א' – וכשעולים החמשה אורות האלו של החו"ב בכלי הכתר, בזמן שהזכר ונקבה שלו הוא בו, לפעמים הם נכללים ויושבים בכלי הזכר של הכתר, שהוא נקרא אות י'. ולפעמים נכללים ויושבים בכלי הנקבה של הכתר, שהיא נקראת אות ה'. והוא כמו שביארנו למעלה, שאלו הב' כלים של הזכר ונקבה בכל אחד מן הג"ר, הם נקראים שם י"ה. ולפעמים קצתם של אלו החמשה אורות, דהיינו ב' או ג' מהם יושבים בכלי הזכר של הכתר, וקצתם בכלי הנקבה של הכתר. וזהו דווקא כשעולים כל החמשה אורות.

51

בית לחם יהודה ש"ז פ"ה – לפעמים נכללים בנוקבא. פירוש, בכלי הנוקבא דכתר עם אור החכמה אשר שם, כמבואר בשער ההקדמות דט"ז ע"ב, יעו"ש. והיינו בזמן שאין לדור זכות כל כך, והוא גרוע מקיום המצות ומעשים טובים.

52

בית לחם יהודה ש"ז פ"ה – ולפעמים בדכורא. פירוש, בכלי הדכורא שבכתר, שהוא אות יו"ד. והיינו אם הדור הגון בבחינה המעולה. ואם אין הדור הגון כל כך נכללים מקצתם בכלי הנוקבא דכתר, ומקצתם בכלי הדכורא דכתר, כן נראה לעניות דעתי.

53

כרם שלמה ש"ז פ"ה אות א' – אבל כשעולים דווקא ד' אורות, שהם הזכר ונקבה דחכמה, וזכר ונקבה דבינה, אינם נכללים רק בכלי הנוקבא.

54

כרם שלמה ש"ז פ"ה אות ב' – ונבאר עתה וכו'. פירוש היא הנזכרת לעיל מיניה, שהיא כשעולים ד' אורות דווקא של הזכר ונקבה של חו"ב, אינם נכללים רק בנוקבא. ועתה מבאר מה שינוי יהיה בהכתר, כשנכללים אלו הארבע אורות בהנוקבא שלו. והולך ומבאר, והוא כי קודם שעלו אלו האורות למעלה להכלל בהכתר, אז שם **י"ה** שבכתר הוא פשוט, ואינו במילוי, ר"ל למעלה ביארנו בסוף פרק ג' כי בכתר יש שם **י"ה**, וכן בחכמה, וכן בבינה, והי' בהזכר שלהם, וה**ה'** הוא בהנוקבא שלהם. **אל תחשוב כי הי'ה** האלו הם מלאים, אלא הם פשוטים, ומה שנעשים במילוי הוא עכשיו בעלייתם אלו הארבע אורות של חו"ב בהנוקבא שבכתר, האות **ה'** היא מתמלאת י', היא מתמלאת בזמן המטי בכתר, והוא כשחזרו הזכר ונקבה של כתר, אז מולידין ב' אותיות **ו"ד**, ואז הי' הפשוטה מתמלאת ונעשית יו"ד מלאה, כמו שמבאר לקמן בסמוך בסוף פירקין.

55

דשם י"ה היא בחינת אור הזכר, ואות **ה'** דשם י"ה היא בחינת אור הנקבה, **ושם י"ה זה אֵינוֹ בְּמִילוּי, אַךְ בַּעֲלִיַּת אֵלּוּ הָאוֹרוֹת** דחו"ב **לְמַעְלָה** בכתר, **אָז יְהְיֶה בָּהֶם מִילוּי** האותיות של שם י"ה.

הרב ז"ל מבאר כאן כי יש ג' סוגי מילואים לאות **ה'**, שהם ה"י, ה"א, ה"ה, והסיבה לכך כי בסוגיה זאת מבואר בחינת המילוי של אות **ה'** בכתר דעקודים שהוא אות **ה"י** בכתר כי בכל מקום הכתר[56] הוא בחינת שם ע"ב וטעמים, ובחינת הוי"ה במילוי יודי"ן.[57] **וְהִנֵּה** ג' **מִלּוּאִים הֵם** באות[58] **ה'** שבשמות הוי"ה, אהי"ה, אלהי"ם, וכו', גם בשם י"ה יש ג' מלואים, **אוֹ** שם י"ה **בְּמִילוּי יוֹדִי"ן** שהוא י"וד ה"י, **אוֹ** שם י"ה **בְּמִילוּי הֵהִי"ן** שהוא י"וד ה"ה, **אוֹ** שם י"ה **בְּמִילוּי אַלְפִי"ן**[59] שהוא י"וד ה"א. **וְהִנֵּה**[60] כאשר מעשה התחתונים גורמים שלא יעלו כל החמשה

להבין את בחינת שם פשוט, מלא, ומלא דמלא.

ע"ח שי"ד פ"ז מ"ב דע"ג ע"א – דע כי יש כמה מדרגות פנים ואחור, והם שמות פשוטים ומלואים, לכן נבאר בחינת או"א ומהם תקיש אל השאר. והנה כתר דאבא **הוי"ה** פשוט, וכן כתר דאמא **אהי"ה** פשוט, זו פנים שלהם. ואמנם האחוריים שלהם הם ה' אותיות **י' י"ה יה"ו הוי"ה** אחורי כתר דאבא. **א' א"ה אה"י אהי"ה** אחורי כתר דאמא. וכל זה בתשע ספירות הכתר דאו"א. ואמנם המלכות של הכתר דאבא הוא בחינת חשבון, ר"ל חשבון ד' אותיות הוי"ה פשוטה, שהוא כ"ו. ומלכות דכתר אמא חשבון אהי"ה פשוט, שהוא כ"א, ואלו הם הפנים של ב' בחינות מלכיות הנ"ל. והאחוריים שלהם הם אלו, אחוריים מלכות כתר דאבא הוא חשבון י' אותיות פשוטים דאחוריים שלו, והם ע"ב, ואחורי מלכות דכתר דאמא הם חשבון י' אותיות דאחוריים דאהי"ה, שהוא מ"ד. והנה החכמה דאבא תשע ספירות שלו הראשונים הפנים, הם י' אותיות מילוי אהי"ה, כזה **אל"ף ה"י יו"ד ה"י**, ותשע ראשונות דחכמה דאמא דאבא הפנים שלהם הם י' אותיות מילוי אהי"ה, כזה **אל"ף ה"י יו"ד ה"י**, ואחוריים הם אלו כ"ו אותיות המילוי, והם **יו"ד ה"י אל"ף ה"י יו"ד ה"י יו"ד ה"י**, הם האחוריים חכמה דאבא, וכ"ו אותיות **אל"ף ה"י יו"ד ה"י אל"ף ה"י יו"ד ה"י** הם אחוריים חכמה דאמא. והפנים דמלכות דחכמה דאבא הם חשבון הפנים שלו, שהם ע"ב, והפנים דמלכות דחכמה דאמא הם חשבון הפנים שלה שהם קפ"ד. והאחוריים הם חשבון האחוריים שלה שהם קס"א, ואחוריים הם חשבון האחוריים שלה שהם תקמ"ד. ובינה דאבא הפנים שלה דתשע ספירות, הם כ"ח אותיות דמילוי המילוי **יו"ד ו"יו דל"ת ה"י יו"ד ו"יו יו"ד ו"יו יו"ד**, והאחוריים הם **יו"ד ו"יו דל"ת ה"י יו"ד ו"יו דל"ת ה"י יו"ד ו"יו יו"ד ו"יו יו"ד דל"ת ה"י יו"ד ו"יו יו"ד ה"י יו"ד**, ע"ד אותיות. ומלכות דבינה דאבא הפנים הם חשבון כ"ח אותיות של הפנים שלהם, הם ית"ר, והאחוריים הם חשבון ע"ד אותיות דאחוריים שלו שהם ב' אלפים קע"ב, ובינה דאמא דתשע ספירות שלה הם כ"ז אותיות, מילוי המילוי **אל"ף פ"א ה"י יו"ד דל"ת ה"י יו"ד**, ואחוריים שלה **אל"ף פ"א אל"ף פ"א ה"י יו"ד אל"ף פ"א ה"י יו"ד דל"ת ה"י יו"ד ו"יו דל"ת אל"ף פ"א ה"י יו"ד דל"ת ה"י יו"ד** שהם ע' אותיות, ומלכות דבינה דאמא הפנים הוא חשבון כ"ז אותיות הפנים שלה שהם תי"ב, והאחוריים הם חשבון ע' אותיות דאחור, שהם ב' אלפים קנ"ו.
56

ע"ח ש"ה פ"א מ"ב ד"ד ע"ד – ודע כי ד' בחינות כוללים כל ד' עולמות, והם ע"ב ס"ג מ"ה ב"ן, והם עצמם נקראו תנת"א, וכל אחד כולל ארבעתן. ע"ב יש בו ע"ב וטעמים. ס"ג ונקודות. מ"ה ותגין. ב"ן ואותיות. וכולם נקרא ע"ב טעמים. וכן בס"ג. וכן במ"ה. וכן בב"ן. **גם דע כי ע"ב הוא כתר וטעמים.** ס"ג הוא חכמה ונקודות. מ"ה הוא בינה ותגין. וב"ן ז' תחתונות ואותיות.
57

שמן ששון ש"ז פ"ה אות ו' – והנה ג' מלואים הם או ביודי"ן, או בההי"ן, או באלפי"ן, עד כאן. הנה מה שהוצרך להביא זה הוא לו, דכאן בכתר שייך בו ביודי"ן, שהוא הוי"ה דע"ב בכתר כנזכר בכל מקום, ע"ב בכתר. ועיין שער תנת"א פרק א' מ"ב.
58

תרשים ה – ה.
59

אורות שבכלים דחו"ב, אלא[61] **כשׁאֵין עוֹלים רק אַרבַּע אוֹרות** שבכלים דחו"ב, ואור החסד נשאר למטה בכלי הבינה, **הֵם כּוּלָם** ר"ל כל הארבע אורות **נִכללין** בכלי **הַנּוּקבָא, שֶׁהִיא** אות ה' **של שֵם י"ה שבכתר, ואֵז המילּוֹי** של **אוֹתוֹ** אות ה' שהוא כלי דנוקבא דכתר, **הוּא** מילוי **בּיוּ"ד** ר"ל אות י' פשוט **כּזֶה ה"י. והָענְיִן[62] כִּי[63] אַרבַּע אוֹרות** שהם הזכר ונקבה דכלי החכמה הנקראים **י"ה**, והזכר והנקבה דכלי הבינה הנקראים גם כן **י"ה, כשׁעוֹלין[64]** בכלי **הַנּוּקבָא** שבכתר, **הִנֵּה ג'[65]** האורות **הַתּתָאין** שהם **י"ה** דבינה ואות ה' דחכמה **בּטֵלין[66]** באור **הרִאשׁוֹן[67]** שהוא[68] אור הזכר דחכמה הנקרא אות **י'** פשוטה, וכאשר עולין אלו הארבע אורות אין מתגלה אלא רק אות **י'** דחכמה, ושאר האורות מתבטלין האות **י'** זאת, **כִּי[69] לָעוֹלָם אוֹר[70]** הזכר של **הַחכמה הוא הַמּבַטֵּל אֵת** ג' האורות

הגהות וביאורים)ה(— הנה מה שהוצרך להביא זה, לומר דכאן בכתר שייך בו ביודי"ן שהוא הוי"ה דע"ב בכתר, כנזכר בכמה מקומות ע"ב בכתר.
60

שער ההקדמות, דרוש ג' בענין מטי ולא מטי דט"ז ע"ב — אמנם כאשר מעשה התחתונים אינם גורמים שיסתלקו כל החמשה אורות הנזכר, רק ד' אורות לבדם, שהם הזכר ונקבה שבכלי החכמה, והזכר ונקבה שבכלי הבינה, אבל אור החסד הנקרא בן שהוא בחינת מיין נוקבין, נשאר בכלי הבינה.
61

תרשים ה – ו.
62

בית לחם יהודה ש"ז פ"ה — והענין כי ד' אורות. שהם דכרא ונוקבא דחכמה, ודכורא ונוקבא דבינה.
63

כרם שלמה ש"ז פ"ה אות ב' — והטעם כמו שמבאר והולך כאן, שהה"י הזאת היא ביודי"ן ולא באלפי"ן או בההי"ן והוא והענין כי ד' אורות כשעולין בנוקבא, הנה ג' תתאין בטלין בראשון. ר"ל כי כאן , בב' הכלים של החכמה והבינה יש ארבע אורות חוץ מן אור החסד, והם הזכר ונקבה שבחכמה, והזכר ונקבה שבבינה, וכל זכר ונקבה מאלו הם י"ה, נמצא שיש כאן י"ה של חכמה, וי"ה של בינה. וכשעולים אלו הארבע אורות בהכתר, אז שלושה התחתונים שהם י"ה של הבינה, וה"ה' של החכמה, כי שירגא בטיהרא מאי אהניא, ולכן הזכר של החכמה מפני גודל ורבות האור של החכמה, כי שירגא בטיהרא מאי אהניא, ולכן כשעולים הב' האלו, לא נראה כי אם אור הזכר של החכמה, שהוא אות י'.
64

בית לחם יהודה ש"ז פ"ה — כשעולין בנוקבא. שבכתר.
65

בית לחם יהודה ש"ז פ"ה — הנה ג' תתאין. שהם נוקבא דכלי החכמה, שהוא אור הבינה שבה. ודכרא ונוקבא דבינה, שהם אות יו"ד והרשימו.
66

תרשים ה – ז.
67

בית לחם יהודה ש"ז פ"ה — בטלין בראשון. שהוא אור הזכר דחכמה, הנעשה מבחינת הרשימו דכלי החכמה. והנה אור הרשימו הזה הוא אות יו"ד כמו שמבואר בסוף פרק ג' דלעיל, ולכן כשעולין הד' אורות למעלה להכלל בנוקבא דכתר, הנקראת ה', אין נגלה מד' אורות הנזכרים כי אם בחינת הדכורא דחכמה, שהיא אות יו"ד פשוטה, ואז מתמלאת הנוקבא דכתר באות יו"ד.
68

כרם שלמה ש"ז פ"ה אות ב' — וזה שכתב הנה ג' תתאין בטלים בראשון, ר"ל בהי' של החכמה.
69

הָאֲזֵרוּת התחתונים ממנו, **וְאָז שֶׁלְּשֶׁתָּן** ר"ל י"ה דבינה שהם האורות ונקבה דבינה, ואות **ה'** דחכמה שהיא אור הנקבה דחכמה **מתבטלין באות י' שֶׁהוּא** הזכר של **הַחָכְמָה**, ואז אות **ה'** של הנקבה דכתר מתמלאת באות י' זאת של הזכר דחכמה, הכוללת בה את ג' שאר האורות, **לכן בְּמִלּוּי ה' זו** דנוקבא דכתר **הִיא**

אוֹת י'. בפרק ד' דשער זה הרב ז"ל ביאר את אופן עליית האורות דכלי הכתר, שהם אור הרשימו ואור החכמה העיקרי, והם הזכר ונקבה דכלי הכתר לפה דא"ק. לפי פשט דברי קודשו של הרב ז"ל אפשר היה להבין כי כל האורות דכתר מסתלקים למאציל. **אַך צָרִיך לָדַעַת** כי[71] לכל אחד מהאורות דכתר, שהם אור הרשימו ואור החכמה העיקרי יש שיעור[72] קומה פרטי בן עשר ספירות, וכאשר מסתלקים האורות דכתר לפה דא"ק, לא מסתלק כל השיעור קומה של אורות דכתר, אלא[73] רק התשע ספירות העליונות דאור הרשימו, ותשע הספירות העליונות דאור החכמה העיקרי, ונשאר בכלי הזכר דכתר המלכות דרשימו, ובכלי הנקבה דכתר המלכות דחכמה העיקרי. והטעם[74] שהמלכויות דאורות הכתר נשארים בכלים ולא עולים הוא, כי אם היו מסתלקים כל האורות דכתר מבלי שישאר איזה בחינה רוחנית תוך הכלים, אז ח"ו היה מיתה גמורה בכלים דכתר, והיו הכלים מתבטלים, לכן נשאר אור המלכות בכל אחד מהכלים דזכר ונקבה של כלי הכתר תוך כלי שלו, בסוד[75] קיסטא דחיותא, והתשע ספירות של הזכר דכתר, ותשע ספירות של הנקבה דכתר,

---

כרם שלמה ש"ז פ"ה אות ב' — כי לעולם אור החכמה הוא המבטל את האחרות. ר"ל התחתונים ממנו, והם אלו השלושה שהם הזכר והנקבה של הבינה, והנקבה של החכמה. וכאן הראשון הוא אור החכמה, פירוש הזכר של החכמה, שהוא אות י', הוא הרשימו של החכמה העיקרית, שנשאר כאן ונעשה זכר כאן, ונקרא אות י'. והטעם כי הוא המבטל, כי הוא חכמה, ואורו גדול, ושירגא בטיהרא וכו'. נמצא כשעולין אלו הארבע אורות, אף על פי שהם **י"ה י"ה**, שהם הזכר ונקבה של החכמה, והזכר ונקבה של הבינה, הואיל והם בטלין אצל הי' שהוא הזכר של החכמה, לכן כולם נכללים בתוך אות הי' הזה, ואין מתראין כי אם הי' הזאת, שהוא הזכר של החכמה. וכשעולין באות ה**ה'** שהיא הנוקבא של הכתר, אז מתמלאת אותה **ה**ה' ביודי"ן, ונעשית ה"י כזה ה"י, כי עיקר המתראה בה הוא הזכר של החכמה, שהוא אות י', ופשוט.
70

שער ההקדמות, דרוש ג' בענין מטי ולא מטי דט"ז ע"ב — אז כל ד' אורות ההם נכללים בכלי הנקבה דכתר לבד, ואז הכלי הזה מתמלא במלוי יודי"ן, ונעשית ה"י מלאה. וטעם הדבר, **לפי שג' האורות התחתונים מתבטלים הארתם בהארת הזכר שבכלי החכמה**, וכולם אצלו הם בערך שרגא בטהירא מאי אהניא, ולכן כולם נכללים בו, ונקרא על שמו י' כנזכר לעיל. כי הזכר של החכמה נקרא י'.
71

כרם שלמה ש"ז פ"ה אות ג' — עכשיו בא להשמיענו חידוש, כי אף על פי שאמרנו פירוש ה**לא מטי בכתר** הוא שעולים הזכר ונקבה שבכתר למעלה אצל אור הכתר העיקרי, כדי לינק מהשרשים של הכתר וחכמה, לא כל האורות של הזכר ונקבה האלו הם עולים, אלא התשעה ספירות שבכל אחד מהם, ונשארים למטה בכל כלי מהם המלכות של כל אחד מהם, כי כל אחד יש בו עשר ספירות.
72

תרשים ה — ח.
73

תרשים ה — ט.
74

שער ההקדמות, דרוש ג' בענין מטי ולא מטי דט"ז ע"א — הנה בפעם ראשונה כשנאצלו, אי אפשר לומר שנסתלקו לגמרי, דאם כן **היתה מיתה גמורה אל הכלים ההם**, אמנם היה הדבר כדמיון השינה, שמסתלקת נשמת האדם ונשאר בגופו **קיסטא דחיות**, כנזכר בספר הזוהר פרשת לך לך דף פ"ג ע"א. והענין הוא, כי בחינת שני המלכויות של הזכר ונקבה שבכלי הכתר, הם קיסטא דחיותא, הנשאר בתוך כלי הכתר, והתשע ספירות עליונות של הזכר, והתשע עליונות של הנקבה, עולים כולם למעלה, לינק מן השרשים כנזכר לעיל, ואז נקרא לא מטי בכתר.
75

זוהר לך לך, דף ג' ע"א עם תרגום וביאור — **רבי שמעון הוה היה** הוה **אזיל בארחא** הולך בדרך, **והוה עמיה** והיו איתו **רבי אלעזר בריה** הבן שלו, **ורבי אבא, ורבי יהודה, עד דהוו אזלי** עד שהיו הולכים, **אמר רבי**

עולים למאציל כדי לינק שפע ומוחין. **אך דַּע כי כַּאֲשֶׁר** הַזָּכָר וּנְקֵבָה שֶׁבְּכֵלִי **בַּכֶּתֶר** דֵעֲקוּדִים **עוֹלִין (נ"א עָלְיוֹן) לְמַעְלָה** בְּפֶה דָא"ק, וְעוֹמְדִים תחת אור הכתר העיקרי, ויונקים מִשָּׁרְשֵׁיהֶן, **שֶׁהוּא סוֹד** בחינת **לֹא מָטֵי** בכלי הכתר, **הִנֵּה** לא כל השיעור קומה של הזכר והנקבה מסתלקים למאציל, אלא רק **תֵּשַׁע סְפִירוֹת** העליונות **שֶׁבְּכֵל אֶחָד מֵהֶם, הֵם הָעוֹלִין, וְנִשְׁאָרִים לְמַטָּה בִּמְקוֹמָם** תוך הכלים של הזכר ונקבה דכתר ב'[76] **הַמַּלְכֻיּוֹת** של השיעור קומה דזכר ונקבה דכלי הכתר, שהם בעצם בחינת קיסטא דחיותא, כאשר בכלי הזכר נשארת **הַמַּלְכוּת** של **הַזָּכָר**, שהוא המלכות[77] דרשימו דאור הכתר דעקודים לפני שהסתלק למאציל, **וּ**בכלי הנקבה נשארת **הַמַּלְכוּת** של **הַנְּקֵבָה**, שהוא המלכות של אור החכמה העיקרי, והמלכות דזכר והמלכות דנקבה נשארים בִּשְׁנֵי[78] הַכֵּלִים הַנִּקְרָאִים י"ה כמו האורות שנקראים י"ה **כְּנִזְכַּר לְעֵיל, בִּהְיוֹתָן** האותיות י"ה **פְּשׁוּטִים בְּלִי מִלּוּי,** כאשר[79] כלי

שִׁמְעוֹן, תְּוָוהָנָא הֵיךְ בְּנֵי עָלְמָא לֹא מַשְׁגִּיחִין לְמִנְדַע מִלֵּי דְאוֹרַיְיתָא וְעַל מַה קַיְּימֵי תמה אני איך העולם לא נזהרים לדעת דברי התורה ולדעת על מה הם קיימים, **פָּתַח וְאָמַר** את הפסוק - **נַפְשִׁי אִוִּיתִיךָ בַּלַּיְלָה, אַף רוּחִי בְקִרְבִּי אֲשַׁחֲרֶךָּ, הַאי קְרָא אוּקְמוּהָ וְאוֹקִימְנָא לֵיהּ** פסוק זה כבר פירשוהו החכמים וגם החברים פירשוהו, **אֲבָל תָּא חֲזֵי** אבל בא וראה, **נַפְשָׁא דְבַר נָשׁ כַּד סְלִיק לְעַרְסֵיהּ נָפְקַת מִנֵּיהּ וְסַלְקָא לְעֵילָא** כאשר האדם עולה על מיטתו והולך לישון, נפשו עוזבת אותו ועולה למעלה, **וְאִי תֵּימָא דְכֻלְּהוּ סַלְקָאן** ואם תאמר כי כל הנפשות של כל בני האדם עולות לחזות בנועם הוי"ה ולבקר בהיכלו, לא כל אחד זוכה לראות את פני המלך, ר"ל לא כל נשמה זוכה לעלות למלכות ולהתחדש בה, אלא רק הצדיקים, עוד צריך לדעת **אֶלָּא נַפְשָׁא סַלְקָא** אלא כאשר נפש האדם מסתלקת מגופו בעת השינה, **וְלֹא אִשְׁתְּאַר בָּהּ בַּהֲדֵי גּוּפָא בַּר חַד רְשִׁימוּ** לא נשאר בגוף האדם אלא בחינת רשימו אחד, **דְּקִיסְטָא דְחַיּוּתָא דְלִבָּא** של מדת חיות הלב שעל ידה אפשר להתקיים, ר"ל פירוש המלה קיסטא דחיותא הוא מידת חיות, המאפשר לאדם להתקיים בזמן השינה עד שתחזור נשמתו בעת שהוא קם.

גְּמָרָא בְּרָכוֹת דנ"ז ע"ב – חמשה אחד מששים. אלו הן אש, דבש, ושבת, ושינה, וחלום. אש אחד מששים לגיהנם, דבש אחד מששים למן, שבת אחד מששים לעולם הבא, **שינה אחד מששים למיתה,** חלום אחד מששים לנבואה.
76

כרם שלמה ש"ז פ"ה אות ג' – והענין הוא כי בחינת **שני המלכויות של הזכר ונקבה הם נקראים קיסטא דחיותי** הנשאר תוך כלי הכתר, והתשע ספירות העליונות של הזכר, ותשע ספירות עליונות שבנקבה, עולים כולם למעלה לינק מן השרשים כנזכר לעיל.
77

כאשר הסתלק אור הכתר דעקודים למאציל, הוא השאיר את הרשימו דיליה במקום הכלי שלו, רשימו זה הוא בעל שיעור קומה בן עשר ספירות, והמלכות דרשימו היא הנשארת בכלי הזכר דכתר, ולא מסתלקת למאציל. יוצא לפי זה, כי המלכות דרשימו היא בעצם המלכות דמלכות דאור הכתר לפני שהסתלק למאציל.
78

בית לחם יהודה ש"ז פ"ה – בשני כלים הנקראים י"ה כנזכר לעיל. כי גם הכלים נקראים י"ה כמו האורות, כמו שכתוב בסמוך, וכן כתב בשער ההקדמות דט"ז סוף ע"א.
79

שער ההקדמות, דרוש ג' בענין מטי ולא מטי דט"ז ע"א – אמנם כבר נתבאר לעיל, כי הזכר הוא הרשימו הנשאר מאור היושר בעת הסתלקותו, וזה עומד בכלי אחד לעצמו, הנקרא אות יו"ד, וכשחזר ההתפשטות וירד אור החכמה בכלי הכתר, נעשה נקבה אל הזכר הנזכר, והוא עומד בכלי שלו לעצמו, הנקרא אות ה' כנזכר לעיל, ושניהם יחד נקרא שם י"ה.

הזכר נקרא י', וכלי הנקבה נקרא ה'. **ואמנם**[80] **דע כי**[81] **אז ב'**[82] לא גורסים **מלכים** אלא צריך לגרוס **מלכיות,** שהם המלכות דרשימו והמלכות של האור העיקרי **אלו שוין, כי**[83] **אף על פי שֶ**בכל המקומות **הזכר הוא גדול מהנוקבא, עם**[84] **כל זאת עתה** בזמן הסתלקות האורות דכתר, שהוא סוד **לא מטי** בכלי הכתר **הם שוין,** והרבה[85] טעמים לזה, והוא **לפי**[86] **שֶבוזינת שאור** הרשימו דכתר, שהוא **הזכר** דכלי הכתר, **הוא**[87] תמיד חפץ[88] לעלות ולהדבק באור הכתר העיקרי, אף על פי שאינו עולה ממש, עם כל זה הוא **בסוד הסתלקות** כנזכר לעיל, כי כאשר רצו להסתלק בהסתלקות הראשונה **אותן האורות** דעקודים **כדי לעשות כלי, אז נשארו אותן אורות** דרשימו ב**כלים של כתר וחכמה בינה** כנזכר לעיל, **ר"ל** לא כל האורות נשארו, אלא **הרשימות** שלהם, ר"ל בכל אחד ואחד מהכלים דכח"ב נמצא הרשימו שלו, **נמצא כי אור הזכר של הכתר,**

80

כרם שלמה ש"ז פ"ה אות ד' – עכשיו בא ליתן טעם למה הב' המלכיות הם שווים, והלא בכל מקום הזכר הוא גדול מן הנקבה. כאן, הואיל והזכר הוא בסוד הסתלקות, ר"ל הזכר של כאן הוא בחינת הרשימו, והרשימות הם נשארו מסוד ההסתלקות, כי הם שיורין של הסתלקות. ומפרש והולך איזה הסתלקות, והוא בעת שנסתלקו לעשות כלים, אז נשארו הרשימות בכלים של כח"ב.

81

בית לחם יהודה ש"ז פ"ה – כי אז ב' מלכיות אלו שוין. פירוש שוין בהארתם.

82

הגהות וביאורים)ו(– נ"א ב' מלכיות.

83

בית לחם יהודה ש"ז פ"ה – כי אף על פי. שבכל המקומות)שער ההקדמות דט"ז ריש ע"ב(.

84

בית לחם יהודה ש"ז פ"ה – עם כל זה זה עתה. בזמן הסתלקות האורות, שהוא סוד לא מטי בכתר, כדאמרן אז המלכיות הם שוין.

85

כרם שלמה ש"ז פ"ה אות ג' – ומה שהוצרך להשמיענו כאן שאלו הב' מלכיות הנשארים כאן, בב' הכלים של הזכר ונקבה שבכתר הם שווים, והולך ומפלפל ונותן טעמים הרבה להדבר הזה.

86

בית לחם יהודה ש"ז פ"ה – והטעם, לפי שבחינת אור הזכר, שהוא בחינת הרשימו דכתר.

87

בית לחם יהודה ש"ז פ"ה – הוא בסוד הסתלקות כנזכר לעיל. פירוש כנזכר לעיל בפרק ה' דעקודים, שאור הרשימו הוא אור חוזר שחפץ לעלות אל מקורו, אף על פי שאינו עולה ממש, יעו"ש. והיינו דמסים כי כאשר רצו וכו', וכלומר ואם כן הוא אור מועט.

88

ע"ח ש"ו פ"ה מ"ת דכ"ז ע"א – נמצא שיש כאן ג' מיני אורות, אחד האור הראשון שבכולם, והוא נקרא עקודים כנזכר לעיל. ב' הוא **הרשימו** שנשאר מזה האור שבא דרך יושר, והוא רחמים. ג' הוא האור הבא אליו דרך עליית הספירות, שאז הוא דרך אחוריים, שהוא דין. והנה בבא אור השלישי שהוא דין, פוגע באור הרשימו הנשאר שהוא רחמים, ואז מכים ומבטשים זה בזה, משום שהם ב' הפכים, זה אור ישר והוא רחמים, וזה אור חוזר והוא דין, והוא חפץ לעלות אל מקורו, **וזה חפץ לעלות אל מקורו, והוא אור הרשימו, אף על פי שאינו עולה ממש, עם כל זה חשקו וחפצו הוא להדבק ולקבל ממנו.**

שהוא הרשימו דכתר **הוא בסוד הסתלקות, ו**אור החכמה העיקרי אשר בהתפשטות השניה התלבש בכלי הכתר, והוא **אור הנוקבא**[89] שבכלי ה**כתר הוא**[90] בסוד ה**פנים כנודע,**[91] שהוא סוד[92] ההתפשטות, **לכן**[93] **אור הזכר** שהוא המלכות דרשימו, **ואור הנקבה** שהוא המלכות דאור החכמה העיקרי, **הם שויין בפעם הזאת** כאשר האור **לא מטי** הכלי הכתר, הם נשארים בכלים דזכר ונקבה דכתר, והתשע הספירות העליונות של הרשימו, והתשע הספירות העליונות של אור החכמה העיקרי, מסתלקים למאציל. **ועוד**[94] טעם שהמלכות דרשימו שווה למלכות דאור החכמה העיקרי, **והוא**[95] **שלפי ש**אור הכתר העיקרי, שהוא הזכר, **הניזוז**[96] **את עצמו** ר"ל את אור עצמותו העיקרי, שהוא אור הכתר דעקודים בתוך פה דא"ק

89

בית לחם יהודה ש"ז פ"ה – ואור הנוקבא שבכתר. שהוא אור החכמה העיקרי.

90

בית לחם יהודה ש"ז פ"ה – הוא בסוד הפנים כנודע. שהוא היה בזמן התפשטותה למטה, שאז היו פני האור למטה הנקרא ישר, וכלומר ואם כן היה אורה גדול.

91

כרם שלמה ש"ז פ"ה אות ד' – וזה הרשימו שהוא הזכר של הכתר הוא אחד מהם, והואיל והוא בסוד הסתלקות, לכן הוא מועט על מנהגו, והואיל והוא כן שהוא מועט על מנהגו, הוא יהיה שוה אל אור הנקבה, שהוא המלכות של אור החכמה, אף על פי שהוא מן השיורין של ההתפשטות, שהוא נקרא פנים, **כי ההתפשטות נקרא פנים.**

92

ע"ח ש"ו פ"ח מ"ב דכ"ט ע"א – והענין **שבהתפשט** האור להאיר למטה, הוא שיש לו חשק להשפיע תוספת)ל"ג לתועלת(נשמות חדשות בתחתונים, מה שלא היה עד עתה, ואם כן יהיה האור רחמים גמורים, כי לולי שהתחתונים ראויים אל הרחמים, לא היה יורד ומתפשט למטה להאיר תוספת נשמות שלא היו עד עתה, ולכן נקרא אור זה **אור ישר** שבא ביושר מעילא לתתא, כי כן דרכו ויושרו להאיר בתחתונים, ומטבע החסד והרחמים הוא להיות מטיבים בעולם, ונקרא אור של רחמים גם כן לסיבה הנ"ל, ונקרא אור זכר, כי כן דרך הזכר להשפיע לזולתו, שהיא הנקבה. ועוד כי טבע של הזכר הוא להשפיע נשמות חדשות ממש, ונקרא **אור הפנים**, כי הוא מביט בעין יפה ובפנים מאירים אל התחתונים, ועל כן הופך פניו אליהם, ונקרא אור של פנימיות, שהרי הנשמות מזווג הפנימיות של המוחין באים, והם שמות של הוי"ה, המורים רחמים, ולא שמות אלהי"ם המורים דין.

93

בית לחם יהודה ש"ז פ"ה – ולכן אור הזכר ואור הנקבה שוין בפעם הזאת. דקדק לומר בפעם הזאת, לאשמעינן שדווקא בפעם הראשון של זמן דלא הוה מטי בכתר, היו הדכורא ונוקבא שוין, אבל מכאן ואילך אחר פעם הראשון היה הזכר גדול מהנקבה, כאשר מקומות כדמפרש בסמוך, וכלומר ולכן גם המלכיות שלהם היו שוין.

94

בית לחם יהודה ש"ז פ"ה – ועוד שלפי שהזכר וכו'. וכלומר ואפילו אם תמצא לומר שבבחינת הזכר הוא גדול מהנקבה, גם בעת היותה בכלי הכתר, שהרי על כל פנים הוא זכר ויש לו איזה יתרון ועדיפות על הנוקבא, אפילו הכי בחינת המלכיות שלהם הם שוין, והטעם שלפי שהזכר שהוא בחינת הרשימו דכתר.

95

כרם שלמה ש"ז פ"ה אות ד' – וזה שאמר, ועוד שלפי שהזכר, ר"ל אור העיקרי של הכתר, הניח את עצמותו מבחוץ תחת מלכות השרשים. ולכן תאוותו של הזכר שבכתר, ר"ל הרשימו של אור הכתר שנעשה בחינת זכר כאן בכלי הכתר העולה עכשיו בבחינת התשע ספירות שלו, והוא גדול לחזור ולעלות, ר"ל מפני שהשורש שלו שהוא העיקר אור הוא למעלה.

96

מִבְּזוּזִי מִתְּוֹזת למלכות של **הַשָּׁרְשִׁים** ולעולם לא חזר לירד למטה תוך הכתר דעקודים, **לָכֵן תַּאֲוָתוּ שֶׁל** אור הרשימו שהוא **הַזָּכָר שֶׁבְּכְלִי** הַכתר **הוּא** הַכתר **גָּדוֹל לְזַוֵּוֹר וְלַעֲלוֹת** ולהדבק באור הכתר העיקרי, הנמצא תחת המלכות דשרשים. **מַה שֶּׁאֵין כֵּן** באור החכמה העיקרי, שהוא בְּחינת **הַנּוּקְבָּא** דכלי הכתר, מפני שכל האור דחכמה שהסתלק בהסתלקות הראשונה, חזר לגבול עולם העקודים עם כל תוספת האורות החסרים לו, והתלבש[97] אור והחכמה בכלי הכתר, **וְלָכֵן[98] כִּמְעַט שֶׁכָּל אוֹר הַזָּכָר** דכלי הכתר, שהם התשע ספירות העליונות דרישימו **עוֹלָה לְמַעֲלָה, וְלֹא נִשְׁאַר רַק מִיעוּט מֵהָאוֹר** אפילו של המלכות דרשימו. **אַךְ[99] אוֹר** החכמה העיקרי, שהוא **הַנּוּקְבָּא** דכלי הכתר, **שֶׁאֵין לָהּ לְמַעֲלָה שׁוֹרֶשׁ כַּנּוֹדָע כְּמוֹ הַזָּכָר שֶׁבְּכְלִי** הַכתר, אלא[100] רק בירידת החכמה דשרשים, אז הוא

בית לחם יהודה ש"ז פ"ה – הניח את עצמו מבחוץ תחת השרשים. ר"ל הניח את אור עצמותו העיקרי, שהוא בחינת הכתר דעקודים, בזמן סילוק האורות למאציל תחת המלכות של השרשים, מבחוץ למלכות השרשים, ולא חזר לירד למטה תוך כלי הכתר דעקודים.

97

ע"ח ש"ו פ"ה מ"ת דכ"ז ע"ד – אמנם אחר קבלת אלו הספירות מן המאציל, חזרו למקומם חוץ מן הכתר כנ"ל, ואז הכלי של הכתר לא נעשה רק בחזרה, **כי כשחזרה חכמה ונכנסה בו**, אז הכה אור החכמה ברשימו שהניח בו הכתר במקומו, והיו אלו הכאות כפולות, שלפי שרשימו של כתר להיותו בחינה עליונה מן החכמה, לכן הוא מכה בחכמה, ומוציא ניצוצין. וגם החכמה להיותו בא עתה מלמעלה, ונמצא עומדת על הרשימו, והוא גבוה ממנו, לכן הכה עתה ברשימו, והוציא ניצוצין אחרים. לכן נעשה עתה ב' כלים, אחד לרשימו של הכתר, ואחד לחכמה שבא עתה.

ע"ח ש"ז פ"ז מ"ב דל"א ע"ד – ואמנם לעיל ביארנו כי הסתלקות הראשונה של האורות, היה כדי לעשות כלי, והנה כאשר חזרו האורות לבא פעם שניה בהתפשטות שניה, הנה היו חוזרים הכלים להתבטל כעת הראשון, לכן הוצרך שישיאר אור הראשון שבכולם שהוא אור הכתר למעלה, ולא יכנוס בכלים אלו, ולא באו רק תשע אורות לבדם על הסדר הזה, **אור החכמה בכלי של הכתר**, ואור בינה בכלי של חכמה, וכן על דרך זה, עד שנמצא שאור מלכות נכנס בכלי יסוד. ועתה אחר שלא חזר אותו אור הראשון הנוגע אליו, אשר תחלה נסתלק ממנו, אלא הגיע לו אור אחר זולתו קטן ממנו, על כן נשארו הכלים בבחינת כלים, ולא חזרו להיות אורות כבראשונה.

98

כרם שלמה ש"ז פ"ה אות ד' – אפילו כח המלכות של הרשימו הנשארת עתה. ולא נשאר רק מיעוט מהאור, ר"ל מהאור של המלכות של הרשימו.

99

כרם שלמה ש"ז פ"ה אות ד' – אך הנוקבא שאין לה למעלה שורש כנודע, כמו הזכר שבכתר. אינו ר"ל שורש העיקרי של החכמה, כי כבר הארכנו למעלה שיש לה שורש, ועכשיו עולה למעלה, ומקבלת מן השורש שלה. והוא בירידת החכמה דשרשים במקום הבינה של השרשים, ומשפיע לה. ואדרבא הזכר אז מקבל על ידה, בסוד אשת חיל עטרת בעלה, כנזכר לעיל בפרק ד'. אלא ר"ל אין לה אור החכמה העיקרי כמו שיש למעלה אור העיקרי של הכתר, כי עכשיו הוא עולה אור החכמה, והוא עלייה של עראי, ולא עלייה של קבע, כמו אור הכתר העיקרי שעלה ולא ירד, ונשאר בקבע שם.

100

ע"ח ש"ז פ"ד מ"ק דל"ג ע"ג – ואז צריך **שהנוקבא של הכתר תקבל גם היא משורש עליון שלה, שהוא חכמה עליונה.** לכן השורש של החכמה העליונה יורדת בבינה, ובינה בחסד כו', עד שיורד יסוד במלכות, ואז אותו הכתר שעלה במקום שורש המלכות יורד במקומו, כי אינו יכול להיות שם, כי אין לו דמיון עם שורש המלכות, וגם הוא ענף והמלכות הוא שורש, לכן הוא גרוע ממנה, אף על פי שהוא מקבל מן הכתר, אמנם יורד במקומו, ושם יוכל להיות ביחד עם זכר ונקבה שהיה במקומו, כי אז שלשתן שוין, אחר שכולן שוין

משפיע לה, **לכן אין לה** לאור החכמה העיקרי **כל כך תאוה וחשק לעלות** כי רחוק אור החכמה משרשו, **ונשאר האור הרבה ממנה** של אור החכמה העיקרי **בכלי שלה** שהוא הכלי דנקבה דכתר, **לכן**[101] כאשר נעריך את בחינת המלכות דרשימו והמלכות דאור החכמה העיקרי, הבחינות אלו **יוכלו להיות שוין**[102] במעלה, **אז ב' המלכות** שהם המלכות דרשימו והמלכות דאור החכמה העיקרי הם שוים, וכל זה כאשר האור **לא מטי** בכלי הכתר, האורות שנמצאים כעת בכלי הכתר **ביזוז** שוים, והם המלכות דאור הרשימו הבא במיעוטו, והוא בחינת ה**זכר**, והמלכות דאור החכמה בא ברובו **והוא הנקבה.** **אך**[103] **כאשר חוזרין** האורות דכלי הכתר מפה דא"ק לכלי הכתר, ה**זכר** שהם התשע ספירות העליונות של אור הרשימו, **ונקבה** שהם התשע ספירות העליונות של אור החכמה העיקרי, **לבא** ולהתפשט בחזרה לכלי הכתר, בסוד **מטי** בכלי הכתר, **אז בא הזכר** שהוא אור הרשימו **בכל אורו, וגם כי הוא לוקח** ר"ל[104] לקח **אור גדול משורשו**[105] ה**כתר** שלו שנמצא **למעלה ממנו** בפה דא"ק תחת המלכות דרשימים, **ואף**[106] על פי שגם אור החכמה העיקרי קבל גם מהשורש שלו, עם כל זאת אור הרשימו קבל משורש הכתר, שאורו גדול פי כמה משורש החכמה, **ואז**[107] **כשחוזרין** ויורדים האורות של הזכר והנקבה דכלי הכתר, אז אור

בקבלתן משורש הכתר העליון. ואז נמשך הארת שורש חכמה למטה, ואז הזכר נכלל בנוקבא, שהנוקבא מקבלת תחלה, לפי שהוא נשתווה במעלה עם הזכר, כי שניהן שוין, וקבלו משורש הכתר עליון, **ולפי שעתה מקבלים משורש חכמה, לכן הנוקבא מקבלת תחלה מכל הג' שבכאן, והן מקבלין ממנה**, ונכללין בה, בסוד אשת חיל עטרת בעלה.
101

כרם שלמה ש"ז פ"ה אות ד' – לכן יכלו להיות שוין אז ב' המלכיות ביחד זכר ונקבה, כי זה בא במיעוטו, וזה בא ברובו, ואז הם משתווין, ופשוט.
102

שער ההקדמות, דרוש ג' בענין מטי ולא מטי דט"ז ע"ב – וכאשר נעריך כל בחינות אלו נמצא, כי אלו הזכר והנקבה שניהם שוים במעלה יחד.
103

שער ההקדמות, דרוש ג' בענין מטי ולא מטי דט"ז ע"ב – אבל כאשר חזרו האורות להתפשט ולרדת, הנה הזכר יורד בכל האור שלו, וגם כי עתה קבל אור גדול נוסף מן הכתר הנשאר למעלה תמיד, שהוא שורשו של זה הזכר, ולכן כשיורדים שניהם, אז הוא גדול מאד מן הנקבה, ולכן אין הנקבה יכולה לקבל ממנו בעת זווגה יחד, אלא מבחינת שש קצוות שלו בלבד, אף על פי ששניהם הם עתה בכלי אחד לבדו, שלו כנזכר.
104

כרם שלמה ש"ז פ"ה אות ה' – ומה שכתוב וגם כי הוא לוקח אור גדול משורש הכתר שלמעלה ממנו. ר"ל הוא כבר לקח, ולא עכשיו לוקח.
105

בית לחם יהודה ש"ז פ"ה – משורש הכתר שלמעלה ממנו. הכוונה על בחינת הכתר דיו"ד השרשים, ולא על הכתר דעקודים שנשאר במאציל, וכמבואר בפרק ד' דלעיל.
106

כרם שלמה ש"ז פ"ה אות ה' – ואף על פי שגם היא כבר קבלה משורש החכמה, וגם היא חזרה בכל העשר ספירות שלה, על כל פנים הלא הוא כבר קבל משורש הכתר, שהוא גדול אורו כמה פעמים משורש החכמה.
107

כרם שלמה ש"ז פ"ה אות ה' – וגם כשחוזרים עכשיו, חוזרים שניהם לכלי אחד, כמו שהולך ומבאר, והואיל והוא קרוב לה, לכן אין יכולה לקבל, כי אם מן הו"ק שלו דוקא.

הזכר גדול מאור הנקבה, **ואין יכולת בנוקבא** שהוא אור החכמה העיקרי **לקבל** בעת זווגה מכל[108]

האור דעשר ספירות של **הזכר כולו**, אלא רק **מסוד**[109] **השי"ש קצוות** שלו בלבד, אפילו

שבאורות דזכר ונקבה דכלי הכתר נמצאים שניהם עתה בכלי אחד בלבד, שהוא כלי הזכר דכתר, כנזכר לקמן◆

הרב ז"ל מבאר[110] כאן מדוע בעת הזיווג אור החכמה העיקרי, שהוא בחינת הנוקבא דכתר, מקבל רק מהו"ק דאור הרשימו, שהוא הדוכרא דכתר, **צריך לדעת** כי הרב ז"ל משנה את הערכים של בחינת ההתפשטות וההסתלקות.

והנה[111] כדי שיתבאר לך זה, צריך לדעת הקדמה אזות. והוא כי יש זויווק בין פעם ראשון בעת אצילות עולם העקודים, שהתפשטו האורות דעקודים מפה דא"ק, וזה נקרא התפשטות[112] ראשונה, ואחר כך הסתלקו האורות דעקודים לפה דא"ק, הנקרא הסתלקות[113] ראשונה, **לבּן**

108

כרם שלמה ש"ז פ"ה אות ה' — והואיל וכל כך אורות לוקח, לכן כשחוזרין עכשיו הוא והנוקבא, שהוא אור החכמה, ומזדווגים, אין יכולת בנוקבא לקבל מן כל העשר ספירות שלו, רק מסוד ו"ק שלו לבד.

109

תרשים ה — י.

110

כרם שלמה ש"ז פ"ה אות ו' — עכשיו בא לבאר למה אינה מקבלת כי אם מן הו"ק שלו בלבד.

111

כרם שלמה ש"ז פ"ה אות ו' — ועל זה כתב והנה כדי שיתבאר לך זה צריך לדעת הקדמה אחת, והיא זאת שמבארה עכשיו, והוא כי יש חילוק בין פעם ראשונה בעת האצילות לזמן שאחריו. קורא פעם ראשונה הוא כאשר נכנסים האורות בהתפשטות השניה כאשר מטי מטי בכתר, כי אז נכנסת אור החכמה בכלי הכתר, ונעשית נקבה אליו, ואור הרשימו שלו נעשה זכר אליו. והזמן שאחריו קורא בעת שנכנסו האורות בהתפשטות השלישי, ומאז ואילך, דהיינו העת הזאת שאנחנו עסוקים בו עכשיו בפרקין, שהוא שאחר שעלו הזכר ונקבה שבכתר למעלה לינק משורשיהם, ואחר כך חזרו, אז נכנסו שניהם הזכר ונקבה בכלי הזכר של הכתר, לבד מאור המלכות של הנקבה, שנשארה בכלי הנקבה מעת ההסתלקות השניה. ולא נכנסו כל אחד בכלי שלו כמתחילה.

112

ע"ח ש"ו פ"ג מ"ת דכ"ו ע"א — והנה כל העשר ספירות יצאו, אבל לא יצאו יחד כולם, רק תחלה יצאה בחינת מלכות מעולם העקודים, היפך מעולם הנקודים, וכמו שנבאר במקומו בע"ה. ומלכות זו יצאה בבחינת נפש לבד, כי אין לך ספירה שאין לה בחינת נר"ן כנודע, ואמנם לא יצאו עתה רק בבחינת נפש לבד. והנה תחלה יצאה מלכות בבחינת נפש. ואחר כך כאשר יצאה בחינת היסוד לא נתגלה (בחי' היסוד)ביסוד רק בחינת נפש לבד לעצמו, אבל נתוסף הארה במלכות, שנתגלה בה בחינת רוח...... ואחא כך יצאה הבינה בבחינת נפש לבד לעצמה, ובחינת רוח לז"א, ובחינת נשמה למלכות. ואחר כך יצאה החכמה בבחינת נפש לעצמה, ובחינת רוח לבינה, ובחינת נשמה לז"א, ובחינת חיה למלכות. אח"כ יצאה הכתר בחינת נפש לעצמה, ובחינת רוח לאבא, ובחינת נשמה לאמא, ובחינת חיה לז"א, ובחינת יחידה למלכות. והרי כי בבוא כתר שהוא אחרונה מכולם, לא יצאה כי אם בבחינת נפש לבד.

113

ע"ח ש"ו פ"ג מ"ת דכ"ו ע"ב — ואמנם בבוא כתר, נמצא המלכות שלימה מכל ה' אורות פנימיים, שהם נרנח"י, ועתה היו חסרים עדיין כל הספירות כנזכר לכל שיצאו חסרים בלי תשלומין, והיה זה ממש בכוונה גמורה כנזכר לעיל. ולכן הוצרכו לחזור ולעלות אל המאציל, לקבל ממנו תשלומיהן. ואמנם עתה בחזרה היה הכתר חוזר בתחלת כולם, נמצא שיצא אחרון ונכנס ראשון, והמלכות היה להיפך, כי יצאה ראשונה ונכנסה אחרונה, וזה סוד הפסוק אני ראשון ואני אחרון.

שׁאֲזוֹרוֹ כאשר התפשטו האורות דעקודים בהתפשטות שניה, ונשאר[114] אור הכתר העיקרי בפה דא"ק, בסוף[115] כל השרשים שבפה דא"ק, תחת המלכות דשרשים, **כי בְּפַעַם רִאשׁוֹנָה** ר"ל הבסתלקות הראשונה שֶׁל האורות דעקודים בְּפה דא"ק כל האורות **כוּלָם** הסתלקו לפה דא"ק, **שֶׁהוּא**[116] **כַּאֲשֶׁר נִשְׁאַר** הרשימו של האורות בכלים שלהם, וכן נשאר **אוֹר** הרשימו של הכתר, הנקרא **הַזּכר שֶׁל הַכּתר** בכלי הכתר, וזה היה **בְּעֵת הַסתַלְקוּת הָרִאשׁוֹנָה** של האורות דעקודים לפה דא"ק. **וְאֲזוֹר כָּךְ בְּהַתְפַּשְׁטוּת שְׁנִיָּה** של האורות מפה דא"ק, מתפשט[117] אור החכמה העיקרי כדי להתלבש בכלי הכתר, ואז פוגש את הרשימו דכלי הכתר, ושני האורות מבטשים זה בזה, ומהניצוצות של הביטושים הללו נעשים ב' כלים, אחד לאור הרשימו, ואחד לאור החכמה העיקרי, **וּכְשֶׁנִּכְנָס**[118] אור **הַחכְמָה** העיקרי בהתפשטות השניה **בַּכּלִי הַכּתר** בסוד **מטי** בכלי הכתר, **אָז לֹא נִכְנָס** אור החכמה העיקרי **בַּכּלִי שֶׁל הַזּכר** דכתר שהוא הכלי דרשימו דכתר, אלא **רַק נִכְנָס בַּכּלִי הַנּוּקְבָא עַצְמָהּ** שהוא הכלי דחכמה דכתר, **שֶׁהוּא בְּסוֹד** אות ה' **שֶׁל** שם י"ה, **וְהָיָה** אור **הַזּכר** שהוא אור הרשימו בכלי אחד, **וְאוֹר הַנְּקֵבָה** שהוא אור החכמה העיקרי בכלי

114

ע"ח ש"ו פ"ג מ"ת דכ"ה ע"ד – ואם תאמר כאשר יחזור האור הזך לירד ולהתפשט בכלי, יחזור ויזדכך הכלי כבראשונה, ויתבטל מלהיות בחינת כלי)נ"א ויתבטלו מלהיות בחינת כלים(, התשובה בזה הוא כמו שכתוב במקום אחר כי לא חזרו כל העשר ספירות שנתעלו למקורם לחזור ולירד כולם. אמנם התשעה תחתונים לבדם ירדו, **והעליונה שהוא הכתר נשארה תמיד עם המאציל**, ובזה נמצא שאור החכמה הוא שחזר להתלבש בכלי הכתר, וכן כל שאר הספירות ויכולין הכלים לקבל האור הממועט ממנו עתה, ממה שהיה להם בתחלה.

שער ההקדמות, דרוש ב' בענין מטי ולא מטי – ונבאר עתה ענין מטי ולא מטי הנזכר לעיל, שאירע בחזרת האורות פעם שניה דרך כללות, ואחר כך נחזור לבארו דרך פרטות. כבר נתבאר **כי אור הכתר נשאר במאציל, והתחיל לצאת אור החכמה**, ויצאו עמו כל שאר האורות אשר תחתיו כלולים בו, ונכנסו בכלי הכתר, וזה נקרא מטי בכתר.

115

ע"ח ש"ז פ"ד מ"ק דל"ג ע"א – ואמנם חשק הזה שיש להם ליקח אור מן השורש שלהם, הוא הגורם להם לעלות, שהרי כל העשר שרשים כולם פניהם למטה להאיר בעקודים הללו, ואמנם אחר שעולין ויונקים משם, אז אותו **הכתר דעקודים הנשאר בסוף השרשים**, הוא הופך אחוריו להם, ואז אינם יכולים עוד לינק, ולכן חוזרין ויורדין ונכנסין בכלים שלהם, כמו שנבאר בע"ה.

116

בית לחם יהודה ש"ז פ"ה – שהוא כאשר נשאר אור הזכר. למטה בעולם העקודים בבחינת רשימו.

117

ע"ח ש"ו פ"ה מ"ת דכ"ז ע"ג – אמנם אחר קבלת אלו הספירות מן המאציל, חזרו למקומם חוץ מן הכתר כנ"ל, ואז הכלי של הכתר לא נעשה רק בחזרה, כי כשחזרה חכמה ונכנסה בו, אז הכה אור החכמה ברשימו שהניח בו הכתר במקומו, והיו אלו הכאות כפולות, שלפי שרשימו של כתר להיותו בחינה עליונה מן החכמה, לכן הוא מכה בחכמה ומוציא ניצוצין, וגם החכמה להיותו בא עתה מלמעלה, ונמצא עומדת על הרשימו והוא גבוה ממנו, לכן הכה עתה ברשימו והוציא ניצוצין אחרים, **לכן נעשה עתה ב' כלים**, אחד לרשימו של הכתר, ואחד לחכמה שבא עתה.

118

כרם שלמה ש"ז פ"ה אות ו' – וזהו החילוק שמבאר והולך, דהיינו בפעם הראשונה שהוא בעת התפשטות השניה, שהוא בעת **שמטי** בכתר, אז נשאר הרשימו בכלי שלו, שהוא כלי הזכר, ואור החכמה נכנס בכלי הנקבה של הזכר, וכל אחד בכלי שלו.

אחד, כך שבהתפשטות השניה היו האורות דזכר ונקבה דכתר **בשני כלים. אך בהסתלקות שניה**

לפה דא"ק, **אשר היו עולין** רק ה**זכר ונקבה** דכלי הכתר, שהם התשע ספירות העליונות דאור הרשימו,

ותשע ספירות עליונות של אור החכמה העיקרי, **ושניהם** עולים ונכללים **למעלה** תוך הפה דא"ק, ועומדים

תחת אור הכתר העיקרי, כדי[119] לינק מן השרשים, **ואז** באותו זמן שהתשע ספירות העליונות דאור הרשימו, ותשע

הספירות העליונות דאור החכמה העיקרי נמצאות תוך פה דא"ק, **נשתנו** אור הרשימו ואור החכמה **שניהן יחד**

בתוך הפה דא"ק, **וקבלו**[120] **כולם ביחוד הארה** ושפע **מן הכתר העליון** ומהחכמה[121]

דשרשים. ואחרי שהזכר והנקבה דכלי הכתר ינקו די צרכם מהשרשים, חזרו והתפשטו בהתפשטות שלישית[122] לכלי

הכתר דעקודים. **ולכן כאשר באים** הזכר והנקבה דכלי הכתר **וחוזרין בכלים שלהם** בסוד **מטי**

בכתר, **אז**[123] האורות דזכר ונקבה אינם נכנסים נפרדים כל אחד בכלי שלו כבתחילה, ולא חוזר אור החכמה העיקרי

119

שער ההקדמות, דרוש ג' בעניין מטי ולא מטי דט"ז ע"ב – אמנם כאשר עתה עלו שניהם הזכר והנקבה הנזכרים, לינק מן השרשים.

120

ע"ח ש"ז פ"ד מ"ק דל"ג ע"ב – והנה עתה הנוקבא נכללת בדכורא, כי להיות שהנוקבא הוא אור של החכמה כנ"ל, והזכר הוא אור של הכתר שנשאר בכלי, אם כן הזכר הוא שמקבל עתה מן השורש שלו, שהוא שורש הכתר, וזה נמשך לו על ידי שמזדכך אותו הכתר שנשאר למעלה בסוף השרשים, ועל ידי הארה העליונה של שורש הכתר, הוא מזדכך מאד, ואז מאיר אור רב בזה הזכר של הכתר, ואז נכללת הנקבה בזכר, ומקבל הארה ממנו, עד שנמצאים עתה ג' בחינות אלו)הם(**שוים בהארתן, והם זכר ונקבה של כלי הכתר**, ואותו הכתר שעליהם..... כי אז שלשתן שוין. אחר שכולן שוין בקבלתן משורש הכתר עליון, ואז נמשך הארת שורש חכמה למטה, ואז הזכר נכלל בנוקבא, שהנוקבא מקבלת תחלה, לפי שהוא נשתווה במעלה עם הזכר, כי שניהן שוין וקבלו משורש הכתר עליון, ולפי שעתה מקבלים משורש חכמה, לכן הנוקבא מקבלת תחלה מכל הג' שבכאן, והן מקבלין ממנה, ונכללין בה, בסוד אשת חיל עטרת בעלה.

121

ע"ח ש"ז פ"ד מ"ק דל"ג ע"ג – ואז צריך שהנוקבא של הכתר תקבל גם היא משורש עליון שלה, שהוא חכמה עליונה, לכן השורש של החכמה העליונה יורדת בבינה, ובינה בחסד, כו' עד שיורד יסוד במלכות, ואז אותו הכתר שעלה במקום שורש המלכות יורד במקומו, כי אינו יכול להיות שם, כי אין לו דמיון עם שורש המלכות, וגם הוא ענף והמלכות הוא שורש, לכן הוא גרוע ממנה, אף על פי שהוא מקבל מן הכתר. אמנם יורד במקומו, ושם יוכל להיות ביחד עם זו"ן שהיה במקומו, כי אז שלשתן שוין, אחר שכולן שוין בקבלתן משורש הכתר עליון. ואז נמשך הארת שורש חכמה למטה, ואז הזכר נכלל בנוקבא, שהנוקבא מקבלת תחלה, לפי שהוא נשתווה במעלה עם הזכר, כי שניהן שוין וקבלו משורש הכתר עליון, **ולפי שעתה מקבלים משורש חכמה**, לכן הנוקבא מקבלת תחלה מכל הג' שבכאן, והן מקבלין ממנה, ונכללין בה, בסוד אשת חיל עטרת בעלה.

122

כרם שלמה ש"ז פ"ה אות ו' – אבל עכשיו בהתפשטות השלישי, והוא כשחזרו ובאו מלמעלה, אחר שינקו משרשיהם, אז נכנסו שניהם בכלי של הרשימו, שהוא כלי הזכר, כמו שמפרש והולך.

123

שער ההקדמות, דרוש ג' בעניין מטי ולא מטי דט"ז ע"ב – ואחר כך חוזרים לירד למטה בתוך הכתר, אינם נכנסים נפרדים כל אחד בכלי שלו כבתחילה, אבל שניהם נכנסים יחד בכלי של הזכר לבדו, כי כבר הם שוים, ומזדווגים יחד שם, בהיותם תוך כלי ההוא של הזכר, ואז והלאה לעולם

להתלבש בכלי שלו, אלא **נכנסין** שְׁנֵיהֶן[124] גם אור הזכר שהוא הרשימו, וגם אור הנקבה שהוא אור החכמה העיקרי **בכלי שֶׁל הזכר** דכתר, הנקרא אות י' דשם י"ה, **והמלכות שֶׁל הַנוקבא** שהוא המלכות דאור החכמה העיקרי, **נשׁארת (נ"א אשׁר) בכלי** הנקבה שֶׁל הכתר, הַנקרא אות ה', והמלכות דחכמה תמיד נשארת בכלי **שֶׁלָה** שהוא כלי הנוקבא דכתר **כנזכר לעיל. וכן הענין תמיד** **אזר הַפַּעם הראשׁונה** ר"ל אחרי ההתפשטות השניה, שמתלבש אור החכמה בכלי הנוקבא דכתר, ואחר כך בהסתלקות השניה, שהאור הזכר ונקבה דכלי הכתר מסתלקים לפה דא"ק כדי לקבל שפע, ואחרי שקבלו כל צרכם ומתפשטים **בפעם השלישית** לכלי הכתר דעקודים, **כי לעולם** תמיד **שֶׁהזכר ונקבה** מתפשטים מפה דא"ק לכלי הכתר, בסוד **מטי** בכתר, הם **נשׁארין בכלי הזכר** דכתר **ושׁם** הם **מזדוגים ביזוד** אור הרשימו עם אור החכמה, ונמצא, כי אחרי **כל הסתלקות והתפשטות** של הזכר והנקבה דכלי הכתר, תמיד הם **חוזרים בחזרה** לכלי הזכר דכתר, ולכן **נמצא כי האות יו"ד** ר"ל אות י' פשוטה לא במילוי **שֶׁהוא הכלי** **(נ"א בכלי) שֶׁל הזכר** דכתר, **שׁם** אחרי ההתפשטות השלישית **הֵיו שְׁנֵיהֶן** אור הרשימו ואור החכמה העיקרי, שהם **הזכר והנקבה** דכלי הכתר. **ואזׁ[125] כאשׁר הם** הזכר והנקבה דכלי הכתר **מזדוגים, אֵין[126] הַנוקבא** דכתר **סובלת** את **אור הזכר** הגדול, עם כל זאת עדיף[127] לאור הנוקבא להיות ביחד עם אור הדכורא מאשר להיות לבד, והיא יכולה לסבול **רק מן הו"ק שֶׁלו** והזיווג הוא בין הו"ק דרשימו לתשע ספירות דחכמה, **ובזׁווג זכר ונקבה אלו** דכתר **אשׁר** נכללו בכלי הכתר הנקרא **אות י' פְּשׁוטה, אזׁ[129] יוצא מהם[130]** ר"ל מולידים כדוגמתן ב'

124

תרשים ה – י"א.
125

שׁמן ששׂון שׁ"ז פ"ה אות ט' – ואז כאשר הם מזדווגים אין הנוקבא סובלת אור זכר, רק מן ו"ק שלו, עיין שער א"א סוף פרק י"ג, והם בסוד הרכנת הראש, יע"ש.
126

שׁער ההקדמות, דרושׁ ג' בענין מטי ולא מטי דט"ז ע"ב – אבל כאשר חזרו להתפשט ולרדת, הנה הזכר יורד בכל האור שלו, וגם כי עתה קבל אור גדול נוסף מן הכתר הנשאר למעלה תמיד, שהוא שרשו של זה הזכר, ולכן כשיורדים שניהם, אז הוא גדול מאד מן הנקבה, **לכן אֵין הנקבה יכולה לקבל ממנו בעת זווגה יחד, אלא מבחינת שׁשׁ קצוות שׁלו בלבד עמה.**
127

גמרא סוטה ד"כ ע"א – רבי יהושע אומר, רוצה אישה בקב ותפלות, מתשעה קבין ופרישות.
128

ע"ח שׁי"ג פי"ג דס"ח ע"ד – ונבאר תחלה איך נמשכים מכאן הזווגים שלהם, דע כי כאשר או"א או זו"ן מסתכלין במצח של א"א, אז הזווגים שלהם הם שלמים, לפי שאז הם שוין בקומתן למעלה. אבל כאשר מסתכלים בפנים דעתיקא ולא במצח, אז אין זווגם שלם, **ולא שׁלמים בקומתן**, והזווג הוא בסוד הרכנת הראש, ר"ל אף על פי שהזיווג הוא פנים בפנים, עם כל זה הוא **בהיות בחינת ז"א בבחינת חצי תפארת ונה"י** **שׁלו לבד עם נוקבא קצרות הקומה** (שלה) **כשׁיעור הנ"ל.** וכן על דרך זה באו א"א ב' בחינות, וכמו שנבאר לקמן בע"ה.
129

בנים[131] ר"ל בן ובת, שהם **זכר ונקבה, והם סוד** אותיות ו"ד **שבמילוי יו"ד**[132], אות[133] י' הוא הכלי דזכר דכתר, אות ו' הוא הבן, ואות ד' היא הבת. **והענין**[134] **הוא לפי**[135] **שהזכר** שהוא אור הרשימו **אינו מזדווג בנוקבא** שהיא אור החכמה העיקרי **רק בסוד שש קצוות שלו לבד** בסוד זיווג דחיצוניות, **לכן גם הבן שלו הוא** **בצורת** אות ו' **גם כן** בסוד **ברא כרעא דאבוה**[136], ולא בצורת אות י' כמו אור הרשימו הנקרא אות י'. **אמנם**[137] **אמנם**[138] הבת שהיא **הנוקבא היא צורת** אות ד',

---

שמן ששון ש"ז פ"ה אות י' – אז יוצא מהם דוגמתם בנים, ב' בנים זכר ונקבה, והם סוד ו"ד מלוי יו"ד, עד כאן. צריך לגרוס שלעולם הם זכר ונקבה בסוד ו"ד אפילו אם יהיו או"א שוין, שלא מצינו בהם בשום זמן שנוי, והיע"א.
130

שער ההקדמות, דרוש ג' בענין מטי ולא מטי דט"ז ע"ב – ואז מולידים בן ובת, זכר ונקבה כיוצא בהם, ואז אות יו"ד הפשוטה נתמלאת במילוי יו"ד, כי אות י' הפשוטה היא כלי של הזכר, וב' אותיות ו"ד הם בן ובת שהולידו כנזכר.
131

אפשר להשאיר את הגרסה כמות שהיא, כי לפעמים גם הבנות נקראים בנים.

גמרא בבא בתרא דט"ז ע"ב – רבי שמעון ברבי איתילידא ליה ברתא, הוה קא חליש דעתיה, אמר ליה אבוה, רביה באה לעולם, אמר ליה בר קפרא תנחומין של הבל ניחמך אבוך,]דתניא[אי אפשר לעולם בלא זכרים ובלא נקבות, **אלא אשרי למי שבניו זכרים, אוי לו למי שבניו נקבות.** אי אפשר לעולם בלא בסם, ובלא בורסי, אשרי מי שאומנותו בוסמי, אוי למי שאומנותו בורסי, כתנאי והוי"ה ברך את אברהם בכל, מאי בכל, רבי מאיר אומר שלא היתה לו בת, רבי יהודה אומר שהיתה לו בת, אחרים אומרים בת היתה לו לאברהם, ובכל שמה.
132

הגהות וביאורים)ז(– והוא שכמו שזו"ן שבאות יו"ד פשוטה הם סוד ו"ד, גם אלו הבנים הם סוד ו"ד. ספר כתב יד.
133

תרשים ה – י"ב.
134

תרשים ה – י"ג.
135

שער ההקדמות, דרוש ג' בענין מטי ולא מטי דט"ז ע"ב – ולפי שהזכר לא נזדווג עמה רק בבחינת ו"ק שבו לבד כנזכר, לכן גם הבן הנולד מהזווג ההוא צורתו ו' לבד, ולא צורת י'. אבל הבת נמשכת מן האם הנקבה, שהיתה שלימה בעשר ספירות שלה, לכן גם בת זו יצאה שלימה בעשר ספירות שלה. ומה שנקרא **ד'** ולא **י'**, הוא לפי שאור ו"ק של בת זו, נכללים ונבלעים ומתבטלים באור הגדול של ד' ראשונות שבה, ולכן נקראת ד', בבחינת ד' ראשונות שבה.
136

ברא כרעא דאבוה – הבן הוא רגלו של אביו.
התוספות על יבמות ד"ג ע"א - מקמי אשת אחיו שלא היה בעולמו. וה"ה מקמי אשת אחיו מאמו וחדא מנייהו נקט דתרוייהו לאו קרובי עצמו נינהו אלא ע"י קידושין וכלתו שהיא אשת בנו קרובה מנייהו טפי אבל אין לומר דוקא לגבי אשת אחיו שלא היה בעולמו אלא לפי שלא היה בעולמו אבל לגבי אשת אחיו מאמו לא דבאשת בנו איפלג דרא כדאשכחן לענין עדות בב"ב)ד' קכח(.)דאפי' מאן דמכשר באבא דאבא פסיל בן אחיו דע"כ לענין עריות אשת בנו קרובה טפי מאשת אח **שהבן כרעיה דאבוה הוא** דקחשיב בתו ובת בתו קרובי עצמו טפי מאחותו.
137

35

לְפִי[139] שֶׁיֵּשׁ לָהּ כָּל הָעֶשֶׂ[140] ספירות]דל"ד ע"א 67[לא גורסים **כלים** אלא צריך לגרוס **כולם,** דוגמת אור הנוקבא דכתר, שהוא אור החכמה העיקרי, וצריך להבין מדוע שלא תקרא הבת אות י' על שם מספר הספירות שלה שמתייחדות עם הזכר דכתר, כמו שהבן נקרא על שם מספר הספירות של הזכר דכתר המתייחד עם הנקבה דכתר, והסיבה שהבת נקראת אות **ד'** ולא אות **י',** אפילו שהיא בעלת שיעור קומה של עשר ספירות, כי **רַק**[141] **שֶׁהָאוֹר** הוּ"ק **שֶׁלָהּ** נכללים ונבלעים וּ**בְטֵלִים בָּ**אור הגדול של **ד'** הספירות הָרִאשׁוֹנִים **שֶׁלָהּ** שהם כחב"ד, **לְמְרוֹת שֶׁקְּשָׁה,** כִּי[142] מעולם לא מזכיר הרב ז"ל את הדעת לא בעולם העקודים, רק את כח"ב חג"ת נהי"מ, **לָכֵן נִקְרֵאת** הבת אות **ד'** מבחינת היתרון שיש לה על הבן. **הֲרֵי מִילּוּי** של אות יו"ד ר"ל י' **שֶׁהוּא ו"ד** אות ו' הוא הבן, ואות **ד'** היא הבת, **וְכָל זֶה** הנמצא בכלי הזכר דכתר **נִקְרָא יוּ"ד** ר"ל אות י' פשוטה, נמצא **שֶׁ**בכלי של הזכר דכתר יש ד' בחינות, וְ**הֵם** אור הַ**זָּכָר** שהוא אור הרשימו דכתר, וְאור הַ**נְּקֵבָה** שהוא אור החכמה העיקרי, עוד נמצאים בכלי הזכר דכתר, הבן הנקרא אות י', והבת הנקראת אות **ד'** (נ"א **שֶׁהוּא דְּוֹ"ן**) שנולדו מזיווג הזכר והנקבה דכלי הכתר, וְכָל[143] הבחינות האלו נשארים בכלי של הזכר דכתר, וכולם נקראים אות יו"ד.

/

שמן ששון ש"ז פ"ה אות ז' — אומנם הנוקבא היא צורת דל"ת, כי הו"ק שלה נכללים הד' ראשונות שלה וכו'. תורת חכם דף קנ"ב סוף ע"א.
138

בית לחם יהודה ש"ז פ"ה — אמנם הנוקבא היא צורת ד'. פשט דבריו היא מבואר דנוקבא הנזכרת היא אור החכמה שנעשה נוקבא לרשימו דכתר. אמנם בשער ההקדמות דט"ז ע"ב מבואר דנוקבא הנזכרת היא נוקנא הנולדה מזיווג הזו"ן דכתר, שכתב שם וז"ל - אבל הבת הנמשכת מן האם הנקבה שהיתה שלימה בעשר ספירות, לכן גם בת זו יצאה שלימה בעשר ספירות שלה, ומה שנקראת ד' ולא יו"ד הוא לפי שאור ו"ק של בת זו נכללים ונבלעים ומתבטלים באור הגדול של ד' ראשונות שבה, ולכן נקראת ד' בבחינת ד' ראשונות שבה, מה שאין כן בבן, ונקראת ד' בבחינת זה היתרון שיש לה על הבן, יעו"ש.
139

בית לחם יהודה ש"ז פ"ה — לפי שיש לה כל העשרה כלים. צריך לגרוס כולם, ר"ל כל העשר ספירות, וכן הגירסה בע"ח כתב יד.
140

הגהות וביאורים)ח(— בספר כתב יד, כולם.
141

תורת חכם דקנ"ב ע"א — והנה עיין בשער מטי ולא מטי בסופו, ובשער מאמרי רשב"י פרשת בראשית, במאמר הניצנים נראו בארץ, בפסוק כי עתה הרחיב הוי"ה לנו ופרינו בארץ. כי לפעמים המלכות נכללים כל העשר ספירות שלה בג' דז"א, וכדוגמת ארץ ישראל למטה, צבי היא לכל הארצות, וכך כתב בשער הנזכר, שלפעמים השבע תחתונות של הפרצוף נכללים בג"ר, ואינם נראים אלא הג"ר. וז"ל שם בפרק ה' הנוקבא היא צורת דל"ת, כי הו"ק שלה נכללים בד' ראשונות שלה, לכך נקראת דל"ת, עד כאן. אם כן כשאנו אומרים שתופשת ד' ספירות דז"א, הוא שהיא נכללת בד' ראשונות שלה.
142

נהר שלום דכ"ט ע"ג שאלה ב' מחכמי תוניס לרש"ש — מדוע לא נזכר **דעת בעולם העקודים,** עם היות שלא נמצא בו הכתר שנשרשו בשורשו בפה א"ק, כמבואר בשער הקדמות בענין מטי ולא מטי.
143

שער ההקדמות, דרוש ג' בעניין מטי ולא מטי דט"ז ע"ב — ונמצא כי ארבע בחינות אלו שהם זכר ונקבה דכתר, עם בן ובת שלהם, נקראים אות יו"ד במלואה כנזכר, ואחר כך נשארים כולם בכלי של הזכר.

הרב ז"ל חוזר ומבאר את הבחינות הנמצאים בכלי הנקבה דכתר, **ואזור**[144] **כך הוא אות ה' של י"ה,** **שהוא הכלי של הנוקבא** דכתר, ר"ל כלי של אור החכמה העיקרי, **ושם נשארת המלכות** **של הנוקבא** דכתר, שהיא המלכות דשיעור קומה של אור החכמה העיקרי **כנזכר לעיל** כאשר מסתלקים

תשע הספירות העליונות דחכמה לפה דא"ק, כי כאשר מסתלקים הזכר ונקבה דכלי הכתר לפה דא"ק, אז לא מסתלק כל שיעור הקומה דאור הרשימו ואור החכמה, אלא רק תשע הספירות העליונות שבכל אחד מהם, ונשארים בכלים דזכר ונקבה דכתר רק תשע המלכיות דאותו שיעור קומה שהסתלק, ואחרי שינקו די צרכם הזכר והנקבה דכלי הכתר מן השרשים, וחוזרים הזכר והנקבה דכלי הכתר בהתפשטות השלישית לכלי הכתר, אבל לא חוזרים כל אחד לכלי שלו, אלא שניהם מתלבשים בכלי הזכר דכתר, ונשארת המלכות דאור החכמה העיקרי בכלי הנוקבא דכתר לבד. **וכאשר**[145] האורות דזכר ונקבה דכלי הכתר חוזרים לכלי הכתר, בסוד **מטי** בכתר, אז האורות שבכלים דחכמה ובינה עולים בכלי הכתר, בסוד **לא** **מטי** בכלי החכמה והבינה, **והנה**[146]]דל"ד ע"ב 67[**כאשר** אינם **עולין** רק **הארבע אורות** **התחתונים**[147] שנמצאים בכלים דחכמה ובינה דעקודים, שהם הזכר והנקבה דכלי החכמה הנקראים אותיות י"ה, כאשר הזכר הוא אור הרשימו דחכמה, הנקרא אות י', והנקבה היא אור הבינה העיקרי הנקרא אות ה', והזכר והנקבה דכלי הבינה הנקראים גם כן אותיות י"ה, כאשר[148] הזכר דבינה הוא אות י' שנולד מזיווג הזכר ונקבה דכלי החכמה, והנקבה היא אור הרשימו דבינה, הנקרא אות ה', וג' אורות, שהם האורות דזכר ונקבה דכלי הבינה הנקראים י"ה, ואור הנקבה דכלי החכמה הנקרא ה', מתבטלים[149], באור הזכר דכלי החכמה הנקרא אות י', וכל האורות האלו נקראים עתה אות י', וכולם נכללים **באות ה' הזו**[150] שהיא כלי הנוקבא דכתר, **אז** האות ה' של כלי הנוקבא דכתר **היא** **מתמלאת באות י'** שהיא בעצם ד' האורות דכלי החכמה והבינה, **ונעשית** אות ה' של כלי הנוקבא דכתר במילוי[151] ה"י **כנזכר לעיל** בפרקין. **אמנם**[152] **צורת ה' זו** של כלי הנוקבא דכתר היא **כזה**

144

בית לחם יהודה ש"ז פ"ה – ואחר כך היא אות ה' שהוא הכלי של הנוקבא. כלומר וגם אחר כך בחינת אות ה' של הכלי היתה במלוי, כמו כלי הדכורא שהיה במלוי כדמסיים.

145

ע"ח ש"ז פ"ז מ"ב דל"א ע"ב – אחר כך חזר להיות מטי בכתר, ואז לא הוי מטי בחכמה ובינה, כי ב' עולין שם ביחד לכתר.

146

שער ההקדמות, דרוש ג' בענין מטי ולא מטי דט"ז ע"ב – וכאשר יעלו אורות התחתונים של ב' הכלים של חו"ב שתחתיהם, שהם ד' אורות זכר ונקבה, ונכללו בזו הה"א הפשוטה, שבה מלכות דנוקבא של כלי הכתר, אז היא מתמלאת, ונעשה ה' במילוי יודי"ן.

147

הגהות וביאורים)א(– שכאשר אינם עולים רק ד' אורות, אינם נכללים רק בנוקבא.

148

ע"ח ש"ז פ"ז מ"ג דל"ב ע"ד – ואז מזדווגים שם במקומן זכר ונקבה של חכמה, ומוציאין על ידי זווגם אור אחד הנקרא יו"ד, ואז ניתן למטה בהפיכת פניהם לבינה, ואז אותו היו"ד מתלבש תוך אור הבינה, על דרך)נ"א בדרך(האחרות, ונעשה הי' זכר, והבינה נוקבא.

149

ע"ח ש"ז פ"ה מ"ק דל"ג ע"ד – והענין כי ד' אורות כשעולין בנוקבא הנה ג' תתאין בטלין בראשון כי לעולם אור החכמה הוא המבטל את האחרות ואז שלשתן מתבטלין באות י' שהוא החכמה לכן מילוי ה' זו היא בי'.

150

הגהות וביאורים)ב(– ואז אינן נכללין רק בנוקבא, ספר כתב יד.

151

ו"ד[153], **לפיכך**[154] כלי הנוקבא דכתר הזכר דכתר, שהם ו"ק אורות דחכמה כמו כלי הזכר דכתר, שהם ו"ק אורות דחכמה המתבטלים בד' האורות הראשונים דיליה, כך[155] שבכלי הזכר דכתר יש מילוי אות י' שהם אותיות יו"ד, ובכלי הנקבה דכתר יש מילוי אות ה' שהם אותיות ה"י, שהם בעצם מילוי שם י"ה שבכתר, וזה כאשר האור **מטי** בכלי הכתר, **ולא מטי** בכלים דחכמה ובינה.

(לא נמצא יותר מכאן ואילך, גם בספר **בעץ חיים לא יש יותר**, וזה רק מה שזכינו מדברי הרב ז"ל)

נשלם היכל ראשון

תרשים ה – י"ד.
152

בית לחם יהודה ש"ז פ"ה – אמנם צורת ה' זו. שהיא הכלי דנוקבא היא ו"ד כמו המלוי של כלי הזכר.
153

תרשים ה – ט"ו.
154

בית לחם יהודה ש"ז פ"ה – לפיכך היא עשרה. כמו הכלי של הזכר.
155

תרשים ה – ט"ז.

עֵץ חַיִּים

לרַבִּינוּ חַיִּים וִיטַאל

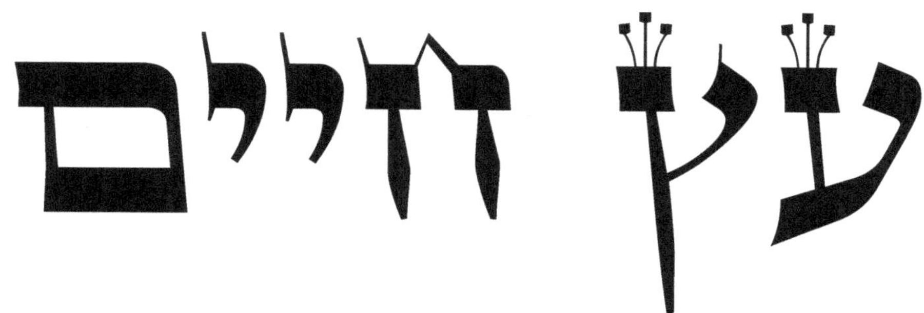

שֶׁקִּיבֵּל מִמָּרָן הָאֲרִ"י זלה"ה

שַׁעַר ז'

שַׁעַר מַטִי וְלֹא מַטִי

פֶּרֶק ה'

חֵלֶק הַתִּרְשִׁימִים טַבְלָאוֹת וְצִיּוּרִים

שְׁמַחַת חַיִּים

הקדמה קצרה

דע כי כל התרשימים הציורים והטבלאות, הם אך ורק לשכך את האוזן, ולשבר את העין. וכל הציורים הם לא שלמים.

כתב הרי"ח הטוב ברב פעלים ח"ב בסוד ישרים ה' - אך דע לך כי סדר התלבשות המחצבים שכתב מהרח"ו בשערי קדושה עד עולם הזה שאנחנו עומדים בו. וכן סדר התלבשות הפרצופים אשר בכל מחצב ומחצב, וסדר התלבשות העולמות זה בזה, והיושר והעיגולים, לא אית אינש דכיל למנלע רזא דנא, איך היא עשוי, איך הוא עומד, ולא אפשר לשכל אנושי לצייר כל הנזכר על אמתיתם, ועל בורייו מפני כי שכל האנושי בהיותו עצור ומונח בגוף גשמיי, אי אפשר לי להשיג דבר רוחני, והוא זה דומה לאדם סומא מן הבטן שלא ראה מאורות מימיו, דודאי אי אפשר לו לצייר מראות השמש והירח הנראין לעיני הבריות, וכל שכן מה שיש למעלה למעלה.

וכן כתב ברב פעלים ח"א בסוד ישרים א' - סוף דבר הכל נשמע, ה' אחד ושמו אחד, ואין לו גוף ולא דמות הגוף, ואין לו שום ציור, ותמונה ודמיון כלל ועיקר, וגם כל העולמות וספירות הקדושים למעלה אין להם ציור ודמיון של גופים האלה כלל, ואין מי שיוכל לידע איך הוא עמידתם וסדרם, איך עומדים עולמות היושר ועולמות העיגולים, ואיך מתחברים זה עם זה, ואיך נמשך השפע מזה לזה, ואיך הוא תוארם ומראיהם, ואיך הוא מהות השפע המחיה אותם, ומקיים אותם, וכמה הוא שיעור אורכם וגובהן ורחבם, ואיך הם נכללים זה בזה, ומלבישים זה לזה, כי בכל זאת אין שום שכל אנושי יוכל לדעת, ולהבין, ולהשיג, כלל ועיקר.

הרב ז"ל כתב בשער אח"פ תחילת פ"א וז"ל - כבר ידעת כי אין בנו כח לעסוק קודם אצילות עשר ספירות, ולא לדמות שום דמיון וצורה כלל ח"ו, אך לשכך האזן, אנו צריכים לדבר דרך משל ודמיון, לכן אף אם נדבר במציאות ציור שם למעלה, אין הדבר רק לשכך האזן. אמנם דע כי עשר ספירות דאצילות הם שתי עניינים. האחד הוא התפשטות הרוחניות, והשני הוא כלים ואברים אשר העצמות מתפשט בהם. והנה צריך שיהיה לכל זה שורש למעלה לשתי בחינות אלו, ולכן צריכין אנו לדבר בסדר המדרגות מראש ועד סוף, והנה נתחיל ונאמר כי הלא הא"ס ב"ה אין בו שום ציור כלל ח"ו כמבואר.

הרב ז"ל כתב בשער טנת"א פ"א - והנה אף על פי שאנו מכנים וקוראים כאן כנויים אלו כגון אדם ראש אזנים וכיוצא אינו רק לשכך האזן לשיובנו הדברים לכן אנו מכנים כנויים אלו במקום גבוה, עד כאן לשונו.

וכן הרמ"ק בפרדס רימונים ש"ו פ"א - וציירו להם המקובלים צורות ביריעות גדולות וקראום אילן. הרב ז"ל כתב בסוף ש"ה פ"ד וז"ל - ואמנם דבר גלוי הוא כי אין למעלה גוף ולא כח גוף חלילה. וכל הדמיונות והציורים אלו לא מפני שהם כך חס ושלום. אמנם לשכך את האוזן לכשיוכל האדם להבין הדברים העליונים הרוחניים בלתי נתפסים ונרשמים בשכל האנושי, לכן ניתן רשות לדבר בבחינת ציורים ודמיונים, כאשר הוא פשוט בכל ספרי הזוהר. וגם בפסוקי התורה עצמה כולם כאחד עונים ואומרים בדבר הזה כמו שאמר הכתוב עיני ה' המה משוטטים בכל הארץ. עיני ה' אל צדיקים. וישמע ה'. וירח ה'. וידבר ה'. וכאלה רבות וגדולה מכולם מה שאמר הכתוב ויברא אלהים את האדם בצלמו בצלם אלהים ברא אותו זכר ונקבה וגו'. ואם התורה עצמה דברה כך גם אנחנו נוכל לדבר לדבר כלשון הזה, עם היות שפשוטו הוא שאין שם למעלה אלא אורות דקים, בתכלית הרוחניות, בלתי נתפשים שם כלל, וכמו שאמר הכתוב כי לא ראיתם כל תמונה, וכאלה רבות. ואמנם יש עוד דרך אחרת כדי להמשיך ולצייר בה הדברים העליונים, והם בחינת כתיבת צורת אותיות, כי כל אות ואות מורה על אור פרטי עליון, וגם תמונת זו דבר פשוט הוא כי אין למעלה לא אות, ולא נקודה, וגם זה דרך משל וציור לשכך את האזן כנזכר. ולכן נבאר עתה הקדמה הנזכר על דרך ציור האותיות גם כן ובבחינת ציורים אלו, הן ציור האדם, והן ציור אותיות, שתיהן מוכרחים להבין ענין האורות העליונים, כאשר תראה ספרי הזוהר בנויים על שתי בחינות הציורים האלה, עד כאן לא.

ולכן גם אנחנו הרשינו לעצמינו לצייר ציורים, תרשימים וטבלאות, אך ורק כדי לשכך את האוזן, ולשבר את העין, כדי להבין את הסוגייה.

אח"י

סדר שמות שמות ההיכלות והשערים בעץ חיים

שם היכל	שער	שם השער	א	ב	ג	ד	ה	ו	ז	ח	ט	י	יא	יב	יג	יד	טו
אדם קדמון	א	עיגולים ויושר	א	ב	ג	ד	ה										
	ב	השתלשלות י"ס דרך עגו'	א	ב	ג												
	ג	סדר אצילות למהרח"ו	א	ב	ג												
	ד	אח"פ	א	ב	ג	ד	ה										
	ה	טנת"א	א	ב	ג	ד	ה	ו	ז								
	ו	עקודים	א	ב	ג	ד	ה	ו	ז	ח							
	ז	**מטי ולא מטי**	א	ב	ג	ד	ה										
נקודים	ח	דרושי נקודות	א	ב	ג	ד	ה	ו									
	ט	שבירת הכלים	א	ב	ג	ד	ה	ו	ז	ח							
	י	תיקון	א	ב	ג	ד	ה										
	יא	מלכים	א	ב	ג	ד	ה	ו	ז	ח	ט	י					
הכתרים	יב	עתיק	א	ב	ג	ד	ה										
	יג	א"א	א	ב	ג	ד	ה	ו	ז	ח	ט	י	יא	יב	יג	יד	
או"א	יד	או"א	א	ב	ג	ד	ה	ו	ז	ח	ט	י					
	טו	זווגים	א	ב	ג	ד	ה	ו									
	טז	הולדת או"א וזו"ן	א	ב	ג	ד	ה	ו	ז								
ז"א	יז	ז"א	א	ב	ג	ד											
	יח	רפ"ח נצוצין	א	ב	ג	ד	ה	ו									
	יט	אנ"ך	א	ב	ג	ד	ה	ו	ז	ח	ט	י					
	כ	המוחין	א	ב	ג	ד	ה	ו	ז	ח	ט	י	יא	יב			
	כא	לידת המוחין	א	ב	ג												
	כב	מוחין דקטנות	א	ב	ג												
	כג	מוחין דצלם	א	ב	ג	ד	ה	ו	ז	ח							
	כד	פרקי הצלם	א	ב	ג	ד	ה	ו	ז								
	כה	דרושי הצלם	א	ב	ג	ד	ה	ו	ז	ח							
	כו	צלם	א	ב	ג	ד											
	כז	פרטי עי"מ	א	ב	ג	ד											
	כח	עיבורים	א	ב	ג	ד	ה										
	כט	נסירה	א	ב	ג	ד	ה	ו	ז	ח	ט						
	ל	פרצופים	א	ב	ג	ד	ה	ו	ז								
	לא	פרצופי זו"ן	א	ב	ג	ד	ה										
	לב	הארת המוחין	א	ב	ג	ד	ה	ו	ז	ח	ט						
	לג	אונאה	א	ב	ג	ד	ה										
נוק' דז"א	לד	תיקון הנוקבא	א	ב	ג	ד	ה	ו	ז								
	לה	הירח	א	ב	ג	ד	ה										
	לו	מעוט הירח	א	ב	ג	ד											
	לז	יעקב ולאה	א	ב	ג	ד	ה										
	לח	לאה ורחל	א	ב	ג	ד	ה	ו	ז	ח	ט						
	לט	מ"ן ומ"ד	א	ב	ג	ד	ה	ו	ז	ח	ט	י	יא	יב	יג	יד	טו
	מ	פנימיות וחצוניות	א	ב	ג	ד	ה	ו	ז	ח	ט	י	יא	יב	יג	יד	טו
	מא	חשמל	א	ב	ג												
אבי"ע	מב-א	דרושי אבי"ע	א	ב	ג	ד	ה	ו	ז	ח	ט	י	יא	יב			
	מב-ב	כללות אבי"ע	א	ב	ג	ד											
	מג	ציור עולמות אבי"ע	א	ב	ג	ד											
	מד	שמות	א	ב	ג	ד	ה	ו	ז								
	מה	מקיפין	א	ב	ג	ד											
	מו	כסא הכבוד	א	ב	ג	ד	ה	ו									
	מז	סדר אבי"ע	א	ב	ג	ד	ה	ו									
	מח	קליפות	א	ב	ג	ד											
	מט	קליפת נוגה	א	ב	ג	ד	ה	ו	ז	ח	ט						
	נ	קיצור אבי"ע	א	ב	ג	ד	ה	ו	ז	ח	ט	י					

טבלת ערכים

עולמות	אדם קדמון	אצילות	בריאה	יצירה	עשיה
פרצופים	ע"י וא"א	אבא	אמא	ז"א	נוקבא
ספירות	כתר	חכמה	בינה	חג"ת בה"י	מלכות
הוי"ה	קוץ של י'	י	ה	ו	ה
אורות	יחידה	חיה	נשמה	רוח	נפש
מילוי	שורש הוי"ה	ע"ב - יוד הי ויו הי	ס"ג - יוד הי ואו הי	מ"ה - יוד הא ואו הא	ב"ן - יוד הה וו הה
טנת"א	שורשים	טעמים	נקודות	תגין	אותיות
נקודות	קמץ	פתח	צרי	סגול, שוה, חולם חיריק, קבוץ, שורוק	אין ביקוד
אדם	גולגולתא	מוח ימין	מוח שמאל	גוף וברית	עטרת היסוד
מל"צ	מ - מקיף, יחידה	ל - מקיף, חיה	מוח	לב	כבד
שנגל"ה	שורש	נשמה	גוף	לבוש	היכל
י"ב פרצופים	ער"ן ואור"ן	או"א עלאין	ישסו"ת	זו"ן	יער"ר
כל צמא	אורות	מוחין	צלמים	לבושים	כלים
אברים	מוח	עצמות	גידין	בשר	עור
חושים	מוח	ראיה	שמיעה	ריח	דיבור
מחצבים	א"ס	ספירות	נשמות	מלאכים	חושך
צלם	מ' מקיף ב'	ל' מקיף א'	צ' מוח	צ' לב	צ' כבד
דחצ"מ	אלוקות	מדבר	חי	צומח	דומם
יסודות	יולי	מים	אש	רוח	עפר
רקיעים	ערבות	ערבות	ערבות	מכון, מעון, זבול שחקים, רקיע	וילון
גלגלים	גלגל השכל	גלגל היומי	מזלות	כוכבים	לבנה
היכלות	קודש קודשים	קודש קודשים	קודש קודשים	אהבה, זכות, רצון, נוגה, עצם השמים, לבנת הספיר	לבנת הספיר
מלוי הוי"ה		מו - וד י יו י	לז - וד י אוי	יט - וד א או א	כו - וד ה ו ה
אהי"ה		קס"א - אלף הי יוד הי	קס"א - אלף הי יוד הי	קמ"ג - אלף הא יוד הא	קנ"א - אלף הה יוד הה

תרשים ה - א

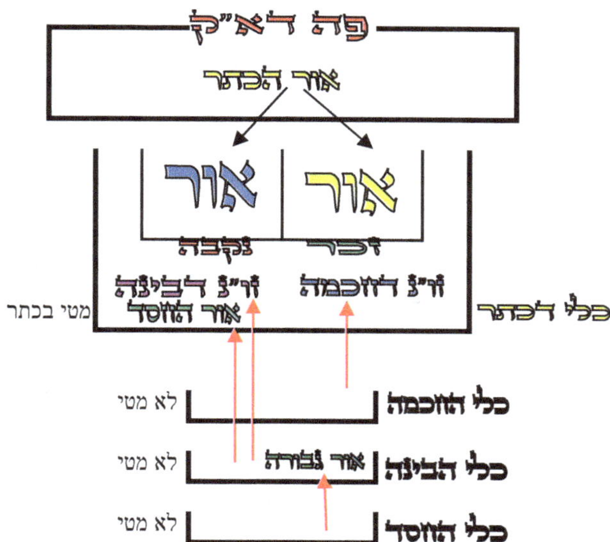

תרשים ה - ב

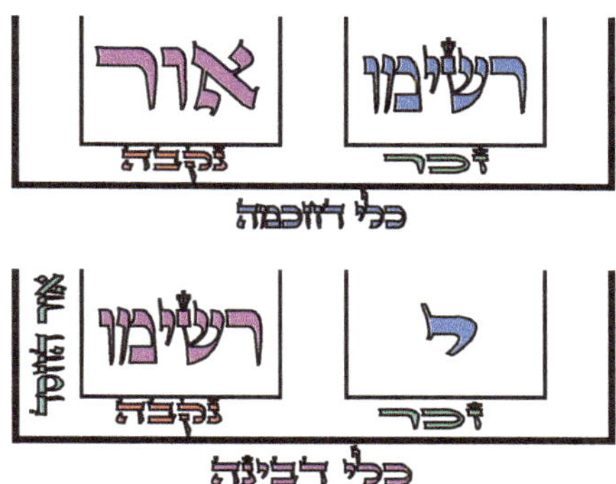

תרשים ה - ג

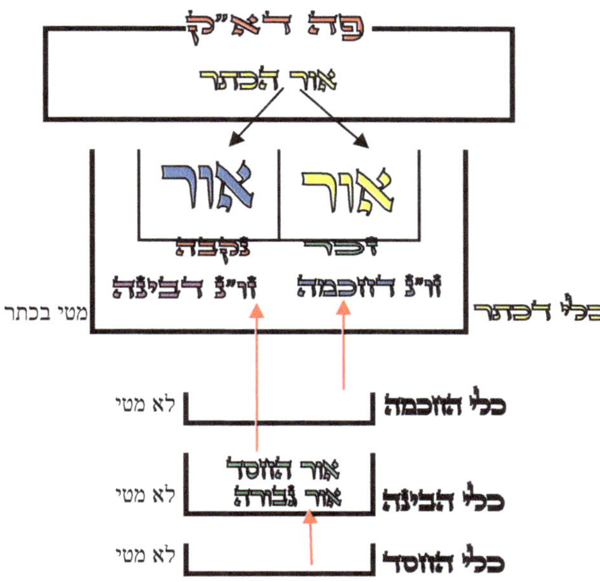

תרשים ה - ד

תרשים ה - ה

יו"ד ה"י וי"ו ה"י, יו"ד ה"א וא"ו ה"א, יו"ד ה"ה ו"ו ה"ה

אל"ף ה"י יו"ד ה"י, אל"ף ה"א יו"ד ה"א, אל"ף ה"ה יו"ד ה"ה

אל"ף למ"ד ה"י יו"ד מ"ם אל"ף למ"ד ה"א יו"ד מ"ם, אל"ף למ"ד ה"ה יו"ד מ"ם

יו"ד ה"י, יו"ד ה"א, יו"ד ה"ה

תרשים ה - ו

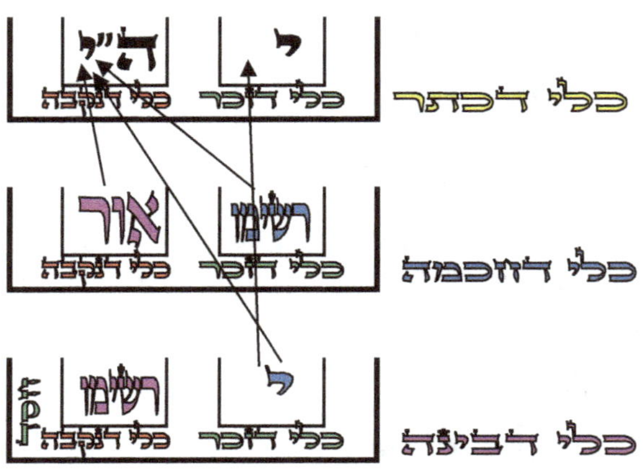

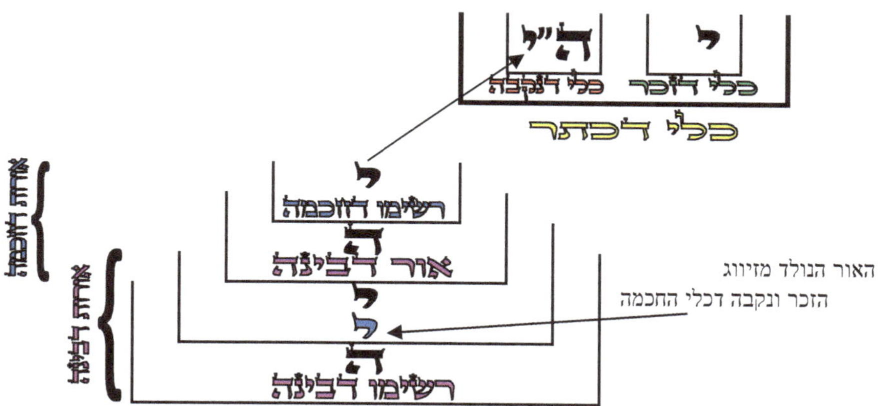
ה"י
כלי דזכר
כלי דנקבה
כלי דכתר
אחוריים
פנים
רשימו דחכמה
אור דבינה
ה"י
רשימו דבינה
האור הנולד מזיווג
הזכר ונקבה דכלי החכמה

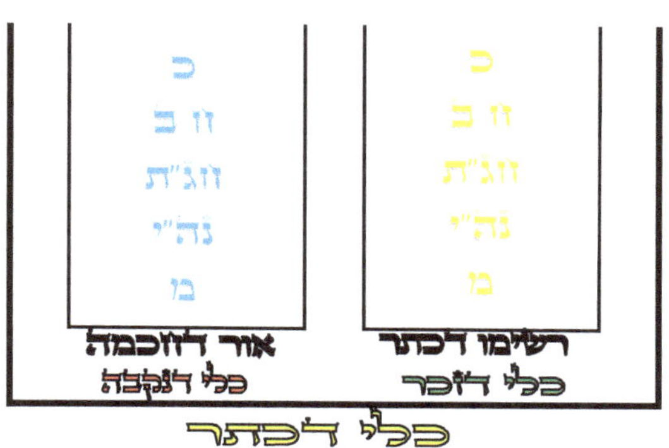
כ
זו"ב
זו"ג"ת
נה"י
מ
כ
זו"ב
זו"ג"ת
נה"י
מ
אור דחכמה
כלי דנקבה
רשימו דכתר
כלי דזכר
כלי דכתר

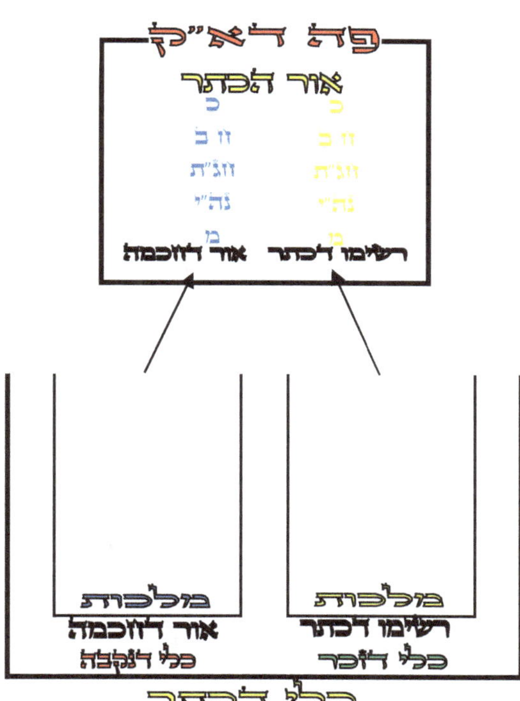
פה דא"ק
אור הכתר
כ
זו"ב
זו"ג"ת
נה"י
מ
כ
זו"ב
זו"ג"ת
נה"י
מ
אור דחכמה
רשימו דכתר
מלכות
אור דחכמה
כלי דנקבה
מלכות
רשימו דכתר
כלי דזכר
כלי דכתר

תרשים ה - י

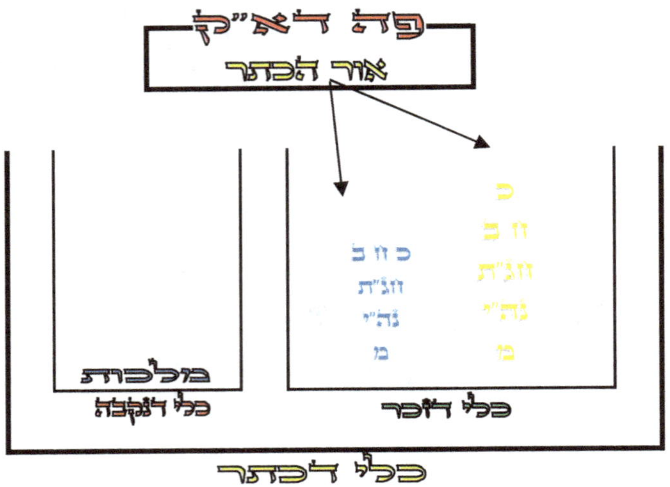

תרשים ה - י"א

תרשים ה - י"ב

כלי הזכר דכתר

הבן הנולד מזיווג אור הרשימו ואור החכמה

הבת הנולדת מזיווג אור הרשימו ואור החכמה

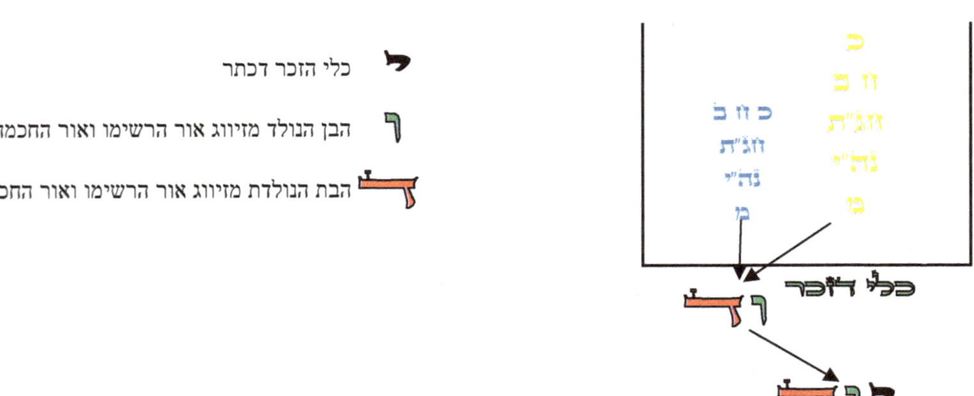

תרשים ה - י"ג

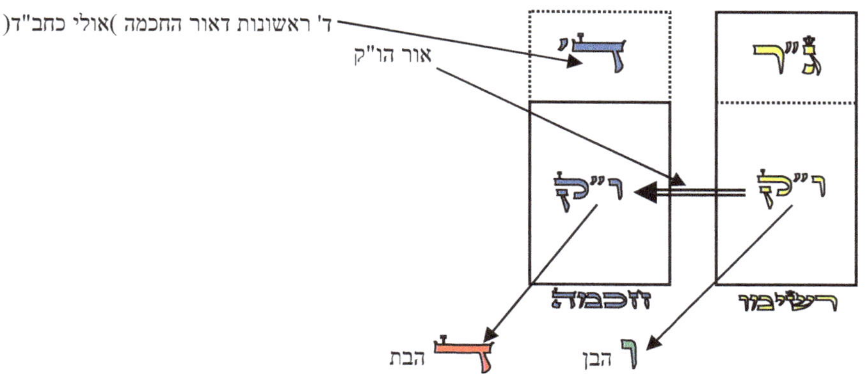

תרשים ה - י"ד

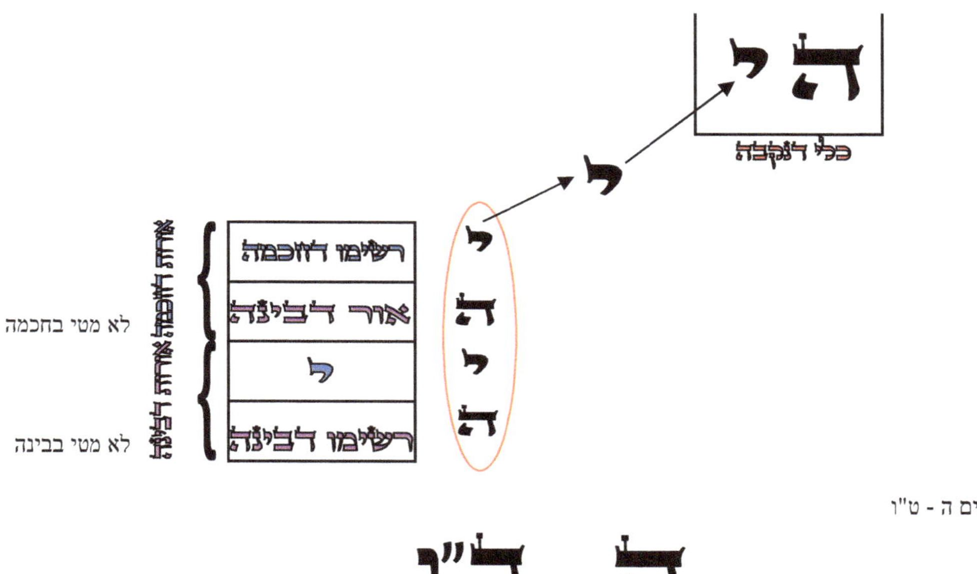

תרשים ה - ט"ו

תרשים ה - ט"ז